Franz Jandrey MFH

So reite
ich mein Pferd

Aus den Erfahrungen eines langen Reiterlebens

Mit 45 erläuternden Fotos

Albert Müller Verlag
Rüschlikon-Zürich · Stuttgart · Wien

Albert Müller Verlag, AG, Rüschlikon-Zürich, 1983. – Nachdruck, auch einzelner Teile, verboten. Alle Nebenrechte vom Verlag vorbehalten, insbesondere die Übersetzungsrechte, die Filmrechte, das Abdrucksrecht für Zeitungen und Zeitschriften, das Recht zur Gestaltung und Verbreitung von gekürzten Ausgaben und Lizenzausgaben, Hörspielen, Funk- und Fernsehsendungen sowie das Recht zur photo- und klangmechanischen Wiedergabe durch jedes bekannte, aber auch durch heute noch unbekannte Verfahren. – ISBN 3-275-00821-8. 1/7-83. – Printed in Switzerland.

Ich widme dieses Buch meiner Frau
Wir sind als Nachbarkinder in einem kleinen Dorf aufge-
wachsen. Sie hat sehr früh erkannt, daß mein Leben den
Pferden gehört. Als ich mit 48 Jahren nach einem Herz-
infarkt für ein Jahr außer Gefecht gesetzt wurde und
anschließend wegen Galle- und Leberstörungen im Kran-
kenhaus behandelt werden mußte, sagte meine Frau: «Wenn
du nicht wieder aufs Pferd kommst, gehst Du ein – und ich
in diesem Automatenwäscherei-Betrieb auch!»
Mit tatkräftiger Hilfe meiner Kinder haben wir dann einen
selbständigen Reitbetrieb und eine Meute aufgebaut. Ich
wurde gesund und konnte noch mit 74 Jahren hinter meinen
Hunden reiten.

Franz Jandrey

Inhaltsverzeichnis

Vorwort

Ehrlich gesagt: ich bin von Natur aus faul. Das braucht nicht unbedingt eine Untugend zu sein. Faulheit macht nämlich auch erfinderisch, und so habe ich immer den kürzesten Weg gesucht, ohne großen Aufwand schnellstens mein Ziel zu erreichen.

Auch jetzt, da ich mich durchgerungen habe, meine Erfahrungen mit Pferden in Buchform festzuhalten, muß es kurz und bündig geschehen – man sei mir darob nicht böse.

Ich bin kein professionell unterhaltsamer Schriftsteller, der aus drum und dran einen Roman zusammenbasteln kann. Ich kann nicht, und ich will auch nicht «spinnen». Ich werde es auch nicht vermeiden, mich zu wiederholen, wenn es um grundsätzliche und wichtige Dinge geht.

Um meine Wortkargheit ein Stück weit wettzumachen, habe ich versucht, auch durch Bilder erklärend zu wirken.

Die Pferde sind mein Leben; ich will ihnen meinen Dank zollen, indem ich in diesem Buch Empfehlungen vermittle, welche die Reittiere vor unnatürlichem Umgang und vor Schäden jeglicher Art bewahren helfen sollen.

Franz Jandrey

9

Einleitung

Wie ich meine Pferde reite

Ich bin auf unserem Bauernhof in Pommern groß geworden und habe daher eine realistische Einstellung zur Natur, insbesondere zu dem Pferd. Mit achtzehn Jahren habe ich meine ersten Reitstunden gehabt: ungefähr zwölf Stunden auf einer Decke, ohne Sattel, auf einem Viereck, das durch vier Steine markiert war. Eine Stange hatte ich auf dem Reitplatz noch nicht gesehen – Springunterricht gab es bei uns überhaupt nicht. Und doch habe ich mit einem dreieinhalbjährigen Pferd auf meinem ersten Turnier das A-Springen gewonnen. Zwei Jahre später besuchte ich vier Wochen lang die Reit- und Fahrschule und erhielt dort meinen ersten Springunterricht. Damals wurde der italienische Springstil eingeführt.

Als ich von dem Lehrgang nach Hause zurückkam, war unser Reitlehrer weggezogen. Da haben wir einen Verein gegründet, und ich wurde – damals zwanzig Jahre alt – Reitlehrer und Vorsitzender des Vereins. Zwei Jahre danach bin ich wieder zu einem Lehrgang der Reit- und Fahrschule gegangen und beendete diesen mit der Prüfung als Hilfsreit- und Fahrlehrer. Nach weiteren zwei Jahren hatte ich unseren Verein so gefördert, daß unsere Mannschaft auf dem Landesturnier die Landesstandarte gewann.

Auf Veranlassung des damaligen Majors a. D. Pape absolvierte ich 1934 die staatliche Reitlehrerprüfung in Berlin-Düppel. Später, als ich über zwei Jahrzehnte lang selbst Besitzer eines Reitbetriebes war, habe ich ständig neue

Erfahrungen gesammelt. Durch Sehen und Hören und die Korrektur verdorbener Pferde lernte ich viel. Bei der auftretenden Schwierigkeit mit dem Pferd stelle ich mir immer wieder neu die Frage: Wie sage ich es ihm? Wie mache ich mich ihm verständlich? Die Antworten habe ich hier niederzuschreiben versucht. Meine Ausführungen sollen in keiner Weise eine Reitvorschrift sein; dann hätte ich zum Beispiel Dressuraufgaben ausführlich behandeln müssen. Für diesen Zweck stehen genügend ausgezeichnete Abhandlungen zur Verfügung. Meine Bemühungen sind einfach der Versuch, dem Anfänger zu helfen, sich in die Grundbegriffe der klassischen, das heißt der natürlichen Reitlehre hineinzudenken, diese Grundbegriffe des Umgangs mit dem Pferd als selbständiges Lebewesen zu erklären.

Ich will dem wenig oder ungeübten Reiter helfen, sich einem wenig oder nicht ausgebildeten Pferd verständlich machen zu können.

Das Pferd ist mein Partner. Wenn ich mit dem Partner nicht klar komme, dann können wir nichts Schönes leisten. Mit einem Partner, der mich schlecht bis kaum versteht, ist eine befriedigende Zusammenarbeit nicht denkbar. Reiten ist eine Kunst, die Einfühlungsvermögen und Geduld strapaziert. Reiten ist aber keine Kunst, wenn es mit Lederzeug und gewaltigem Körpereinsatz praktiziert wird. Einfach auf dem Pferd sitzen und es beherrschen lernen kann viel Zeit und Geld kosten. Schneller, besser, billiger geht es, wenn man mit Verstand reitet. Ziel der klassischen Reitkunst ist es, die natürlichen Bewegungen des Pferdes zu erhalten (und zwar mit dem Gewicht des Reiters im Sattel), möglichst auch diese natürlichen Bewegungen zu fördern. Aber was bleibt in der Regel von diesen natürlichen Bewegungen noch übrig, wenn das Pferd erst «reiterlich ausgebildet» ist? Pferde, die nach vier Wochen am Zügel gehen und schon Hufschlagfiguren beherrschen, sind im klassischen Sinne keine Reitpferde, sondern – wie ich das nenne – ‹Trageiere›. Mit viel Leder werden sie zunächst auf die Hufschlagfiguren gezogen. In den Reitvorschriften steht es zwar anders: Da ist von vorsichtigem Gewöhnen des Pferdes an die neue Aufgabe die Rede; da steht auch geschrieben, daß die Ausbildung eines Pferdes recht lange dauert – und das ist der Fehler. Was lange dauert, kommt für uns heute nicht mehr in Frage; heute muß alles schnell gehen. Für Geld kann man alles haben, man kauft sich also ein fertiges Pferd und glaubt dann glücklich zu werden. M-Dressur oder S-Springen muß das Pferd mindestens schon gehen. Aber das Erwachen kommt in der Regel auf dem ersten Turnier oder auf dem ersten Ausritt, und dann ist angeblich das Pferd schlecht ausgebildet.

Aber es gibt auch Reiter, die sich keine S-Pferde kaufen können, die jedoch auch gerne reiten wollen, gut reiten wollen, und diesen möchte ich helfen. Ein verrittenes Pferd zu korrigieren bedeutet viel Arbeit und dauert auch entsprechend lange. Einfacher und erfolgreicher geht es, wenn man ein Pferd gar nicht erst verdirbt, sondern sich bemüht, die natürlichen Bewegungen, die natürlichen Anlagen des Pferdes von Anfang an zu fördern, statt sie zu bremsen.

Man darf eben vom Pferd nicht viel verlangen, wenn man viel erreichen will.

Man soll sich nur eines überlegen: Wie verhindere ich, daß irgend etwas mit dem Pferd falsch gemacht wird und ihm dadurch seine natürlichen Bewegungen genommen werden? Meine Devise heißt: Einfach, daher billig, aber gut.

Teil I: Gedanken über die Ausbildung von Reiter und Pferd

«Reiten ist kein Kraftakt, sondern ein Balanceakt!»

(Franz Jandrey)

Der große Irrtum!

Die meisten Reiter glauben, Fleiß und Ausdauer würden genügen, um reiten zu lernen. Für sie ist es das Wichtigste, nicht vom Pferd zu fallen und sich möglichst schnell als Reiter zeigen zu können – als ob das Pferd ein Gebrauchsgegenstand wäre wie ein Fahrrad oder ein Auto! Wissen sie denn nicht, was sie der Kreatur, die ihnen auf Gedeih und Verderb ausgeliefert ist, antun? Wir leben in einer Zeit, in der das Sprichwort «Geld verdirbt den Charakter» wahre Orgien feiert. Für Geld kann man den Teufel tanzen lassen. Und sehen wir uns um, tanzt er in unserer Wohlstandsgesellschaft den ganzen Tag. Wir geben uns als Tierschützer aus, quälen jedoch unser Pferd, häufigst ohne es zu merken. Das Pferd ist nicht als Tragtier für den Menschen geboren, sondern es wurde von uns dazu gemacht. Da kann man doch nicht erwarten, daß das Pferd alles verständnisvoll tut, was wir von ihm verlangen. In jedem Pferd steckt mehr oder weniger der jahrtausend alte Herdentrieb des Steppentieres. Der Mensch hat also die Pflicht, aufgrund seines vielgepriesenen Verstandes dieser Tatsache Rechnung zu tragen. Seitens des Pferdes kann nichts vorausgesetzt werden; der Reiter muß die Voraussetzungen schaffen: Er muß mal eine Nacht bei seinem Pferd schlafen. Er muß sich Zeit nehmen und sein Pferd stundenlang beobachten. Er muß dessen individuelle Gewohnheiten kennenlernen. Heute noch soll es Reiter geben, die ihre Pferde nie geputzt und selbst gesattelt haben. Wo bleibt da die Liebe zum Pferd? Für Geld kann man nicht alles kaufen, sondern nur den Teufel tanzen lassen. Der Weg zurück zur Natur bleibt uns nicht erspart. Bevor wir uns aufs Pferd setzen, müssen wir uns mit seiner Psychologie befassen. Bei allen Abhandlungen über den Umgang mit Pferden hat mich der psychologische Teil besonders interessiert. In einigen Büchern habe ich leider wenig davon gefunden. Gerade aus der Kenntnis der Psyche des Pferdes ergeben sich aber alle Möglichkeiten, das Pferd zu beherrschen und sich ihm verständlich zu machen. Wie soll ein Mensch reiten lernen, wenn er glaubt, die Zügel seien zum Bremsen und als Haltestrippen da? Wenn der Mensch nicht begriffen hat, daß die Zügel nur zum Lenken und zur Ergänzung der Verständigung durch Gewichts-, Kreuz- und Schenkelhilfen gebraucht werden dürfen, ist er kein Reiter, sondern bloß eine Traglast, die gelernt hat, nicht aus dem Sattel zu fallen.

Reiter und Pferd stellen ein Tanzpaar dar: Wie der Tänzer seine Partnerin unsichtbar führt, sollte der Reiter sein Pferd führen. Warum ist denn Reitenlernen so schwer? Weil der Mensch es sich schwer macht. Einem Pferd, welches versucht, dem Anfänger auf die Füße zu treten und ihn zu führen, eine kräftige Parade mit der Führhand zu geben, kann doch nicht schwer sein. Das Pferd begreift sofort, was gemeint ist und respektiert den Führer.

Wenn ein Pferd beim Aufsitzen nicht ruhig steht, muß der Reiter das Pferd um die Mittelhand drehen und darf nicht aufsitzen. Nach dieser Übung steht jedes Pferd nach einer Woche und wartet, bis der Reiter es auffordert, anzutreten. Aber der Reiter muß konsequent sein und keinen Ungehorsam ungestraft lassen. Für die Erziehung des Pferdes kann man also in einer Woche sorgen ohne ein großer Reiter zu sein.

So stellt zum Beispiel die Gymnastik über den Baumstamm keine Ansprüche an den Ausbilder. Auch das Angaloppieren am langen Zügel aus dem Schritt auf dem Zirkel lernen Reiter und Pferd in einer Woche. Eine Runde Galopp und

eine Runde Schritt. Dabei wird kein Pferd überfordert. Auf der kurzen Seite unter dem Arbeitstrab und auf der langen Seite über dem Arbeitstrab setzt ebenfalls kein großes Können des Reiters voraus. Wichtig ist nur, daß das Pferd vor der Ecke deutlich durchpariert und tief in die Ecke geritten wird. Eine vernünftige Ausbildung des Pferdes ist in sehr kurzer Zeit zu erreichen, wenn man das Pferd intensiv damit beschäftigt – und immer rechtzeitig aufhört, sobald das Pferd begriffen hat, was man von ihm will. Ein überfordertes Pferd wird kein Reitpferd, sondern ein abgestumpftes Tragetier. Nichts darf in Arbeit ausarten!
Ein Reiter, der bei der Ausbildung eines Pferdes schwitzt, hat mit Sicherheit einen Fehler gemacht. Auch das Pferd schwitzt nicht, wenn es sinnvoll beschäftigt wird.
Diese solide Grundausbildung wird allen Sparten der Gebrauchsreiterei gerecht.

Ziel und Weg

Das Ausbildungsziel ist den meisten völlig klar: ein nach den Grundsätzen der sogenannten «Klassischen Schule» ausgebildeter Reiter und ein entsprechend ausgebildetes Pferd. Der Weg, dieses Ziel zu erreichen, scheint hingegen völlig unklar. Irrwege und Möglichkeiten, mit mechanischen Mitteln die Natur zu vergewaltigen, gibt es leider genug, ja sie sind bei der Mehrzahl der heutigen Reiter und Ausbilder eine Selbstverständlichkeit.
Moderne Autos haben Scheibenbremsen. Und in der modernen Reiterei werden alle denkbaren Marterinstrumente eingesetzt, weil man auch da nur mit der Bremse fahren will. Ein Pferd ist jedoch kein Auto; so ergeben sich denn selbst bei reichsten Leuten, die jeden Preis für ein Pferd zahlen können, große Schwierigkeiten, wenn sie ihr gutes Pferd mit der Handbremse bedienen, statt es zu reiten. In der Reiterei sind alle Menschen gleich, ob arm ob reich. Wer kein Gefühl

hat, bleibt eine Traglast. Aber: auch fühlen kann man lernen.

In jeder Reitanleitung steht über den Sitz des Reiters geschrieben: losgelassen, ungezwungen, locker und so weiter, dann aber auch: aufrecht, Blick nach vorn, Hände in Ellbogenhöhe, senkrechte Fäuste, tiefer Absatz, Füße parallel zum Pferdeleib und so weiter. Wenn dem Reitschüler dieses Bild «Neckermann auf der Olympiade» zudem bereits in der ersten Reitstunde klargemacht wird, arbeitet man nach folgender Ganzheitsmethode: Man gebe einem ABC-Schützen Papier und Bleistift und lasse ihn solange Aufsätze schreiben, bis er lesen und schreiben kann.

Die klassische Reitkunst ist nicht mit der Ganzheitsmethode, sondern mit der natürlichen Methode zu lehren.

Der Reiter darf nicht in eine Schablone gepreßt werden, sondern er soll lernen, sich natürlich und ungezwungen den Bewegungen des Pferdes anzupassen.

Wichtig bei allen Instruktionen ist, daß der Reiter sie begreift. Er muß wissen, wie er etwas tun soll und warum er es so und nicht anders tun soll. Wie – das wissen viele Ausbilder; warum – leider nicht.

Beispiele:

Das Pferd soll mit dem Zügel und zwar durch das Anlehnen des äußeren Zügels an den Hals gewendet werden. Es soll auf Zügeldruck und nicht auf Zug reagieren. Wie gewöhne ich dem Reitschüler nun das Ziehen am Zügel ab? Man muß ihn davon überzeugen, daß das Pferd auf seitlichen Zügeldruck reagiert. Jedes Pferd reagiert auf seitlichen Zügeldruck vorn am Hals. Um den Schüler von dieser Tatsache zu überzeugen, läßt man den inneren Zügel vor der Ecke übertrieben kurz nehmen (etwa 30 Zentimeter hinter den Ohren und mindestens eine Handbreit über dem Mähnenkamm), läßt mit der Hand nach vorwärts in Richtung äußeres Ohr an den Hals drücken und das Pferd geht tief in die Ecke. Der äußere Zügel darf dabei nicht benutzt werden,

Abb. 1. Das Pferd wird mit dem rechten Zügel am vorderen Halsdrittel so tief in die Ecke gedrückt, daß es etwa einen Meter neben dem normal ausgetretenen Hufschlag geht. Der linke Zügel hängt durch.

sonst zieht der Schüler doch daran. Hat sich der Schüler davon überzeugt, daß das Pferd tatsächlich auf den Zügeldruck reagiert, wird er auch zukünftig das Ziehen lassen.

Um zu vermeiden, daß der Schüler doch versucht, am Zügel zu ziehen, ist auf das Anlehnen des Zügels nach *vorwärtsseitwärts* zu achten.

Beim sogenannten «Schenkelweichen» kann man dem Schüler auch das Ziehen am inneren Zügel abgewöhnen. Man läßt den Schüler nur mit dem äußeren Zügel und dem inneren Schenkel reiten, mit kurzem äußerem Zügel (anfangs so kurz wie oben beschrieben). Die Pferde werden so mit dem äußeren Zügel gestoppt und treten durch den Druck des inneren Schenkels, unterstützt durch die Gerte, seitwärts.

Abb. 2. Schenkelweichen links an der Bande. Der rechte Zügel gibt die Parade zu halben Tritten und die Linksstellung. Der linke Zügel hängt durch. Die Parade muß auf dem rechten Vorderfuß gegeben werden, um das Tempo zu stoppen, da der rechte Fuß frei treten kann und der linke nur nachgesetzt wird. Die Parade muß anfangs sehr deutlich durch kurzes Andrücken des Zügels an den Hals im Takt des rechten Vorderfußes gegeben werden; später genügt dann ein Schließen des Handmuskels bei anstehendem Zügel.

Dabei ist nicht zu vergessen, daß der Schenkel, der an der Bande ist, beim Schenkelweichen zum inneren geworden ist.

Der Anfänger und der Fortgeschrittene können in den pädagogischen Überlegungen und den Anweisungen des Ausbilders nicht sorgfältig genug auseinandergehalten werden. Der Anfänger muß so auf dem Pferd verfrachtet sein, daß er möglichst nicht runterfallen kann. Der Fortgeschrittene muß dauernd aufgefordert werden «sich selbst zu bemühen». Der Anfänger ist ein ABC-Schütze und soll auch als solcher betreut werden. Ob er ein guter oder schlechter Schüler ist, entscheidet sein Gefühl, nicht seine Intelligenz. Wenn ich einen ausbalancierten Sitz erreichen will, muß ich dem Reiter die Möglichkeit nehmen, sich an den Zügeln festzuhalten. Ich gebe ihm also die Zügel in eine Hand und zwar immer in die Hand, auf der er reitet. Mit einer Hand kann sich der Reiter nicht festziehen, aber mit der freien äußeren Hand bei Bedarf am Sattel festhalten. Außerdem lernt er das Pferd mit dem äußeren Zügel zu wenden. Im Galopp gehört die äußere Hand grundsätzlich hinten an den Sattel, da dann der Reiter nicht vornüberfallen kann und nicht die Vorhand sondern die Hinterhand belastet. Er bleibt mit dem Gesäß am Sattel und kann mit dem Kreuz in die Bewegungen des Pferdes eingehen. Die Aufrichtung des Reiters wächst mit dem Gefühl der Sicherheit. Im Trabe muß der Reiter sich solange hintenüber neigen, bis er nicht mehr geworfen wird. Die Aufrichtung kommt also von hinten und nicht von vorne. Sitzt der Anfänger mit seinem noch steifen Rücken vorgeneigt im Sattel, muß sein ganzes Gewicht die Bewegungen des Pferderückens mitmachen. Lehnt sich der Anfänger zurück, arbeitet die Wirbelsäule wie eine Feder, und nur das Gesäß macht die Schwingungen des Pferderückens voll mit. Wenn ein Pferd im Mitteltrab stärker wirft, kann man bei Dressurreitern dieses Hintendrinsitzen beobachten. Die richtige Handhaltung lernt der Reiter, indem er die Gerte quer unter die Daumen nimmt.

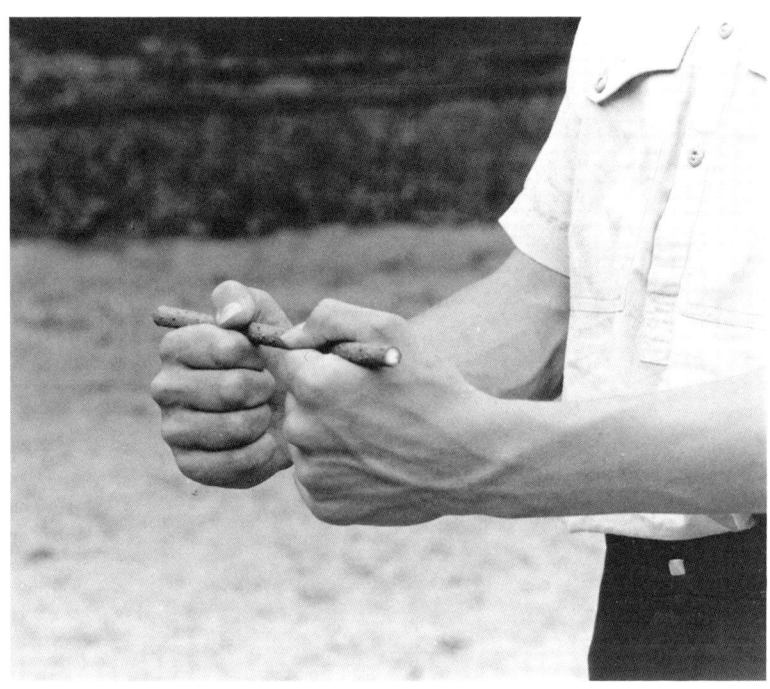

Abb. 3. Eine empfehlenswerte Möglichkeit, die Handhaltung zu korrigieren. Der Stock oder eine kurze Reitgerte werden mit in die Zügelfaust genommen.

Abb. 5. Beim nächsten Schritt drückt der Reiter den Absatz tief ▶ nach unten durch. Im Trabe erhebt er sich nun mit steifem Oberkörper und steifem Knie durch Heben des Absatzes aus dem Sattel. Auf dem nächsten Fuß tritt er den Absatz ganz tief bis unten durch und trabt so leicht, indem er nicht im Knie und im Kreuz nachgibt und sich in den Sattel setzt, sondern das Heben und Senken nur im Fußgelenk ausführt. Der Oberkörper einschließlich Knie sind dabei völlig steif. Wichtig dabei ist das tiefe Durchdrükken des Absatzes nach unten. Durch diese Übung kommt der Reiter in den entgegengesetzten Rhythmus zum «normalen» Leichttraben. (Nur an einer langen Seite üben, da sonst zu anstrengend.)

Abb. 4. Übung für den tiefen Absatz. Der Reiter steht mit steifem Oberkörper und steifem Knie im Bügel und hält sich in der Mähne oder am Halsriemen fest. Er drückt den Absatz hoch.

Und nun der tiefe Absatz. In jeder Reitstunde hört man hundertmal: Absatz tief. Es gibt Ausbilder, die sich mit «Absatz tief – Hände aufrecht – Kopf hoch» eine Stunde beschäftigen können. Die Absätze bekomme ich in kurzer Zeit tief, indem ich die Übungen, die auf Treppenstufen oder dem Fahrrad empfohlen werden, auf dem Pferde mache. Der Reiter stellt sich in die Bügel und hält sich mit einer Hand in der Mähne fest. Jetzt geht er mit den Absätzen auf und nieder wie an der Kellertreppe. Klappt es, trabt er an und trabt leicht ohne den Sattel mit dem Gesäß zu berühren. Er steht aufrecht im Sattel, eine Hand in der Mähne und geht nun auf und ab im Fußgelenk. So kommt der Reiter in den Rhythmus, den er beim normalen Leichttraben gebraucht. Bisher hat er beim Leichttraben den Absatz etwas hochgezogen, wenn er sich in den Sattel niedergelassen hat, wie bei der Kniebeuge. Beobachten Sie mal einen Reiter beim Leichttraben, und Sie werden dies leichte Anheben des Absatzes im Moment des Niedergehens bei einem mehr, bei anderen weniger ausgeprägt sehen können. Hat der Reiter, wie vorher beschrieben, sich an den neuen Rhythmus gewöhnt, braucht er beim normalen Leichttraben nur das Knie weniger als bisher zu beugen und dafür im Fußgelenk nachzugeben – und der tiefe Absatz ist in ganz kurzer Zeit da. Glücklich sind diejenigen Ausbilder, die in der Lage sind, alles selbst vorzumachen. Es ist erstaunlich, was man als Lehrer erreichen kann, wenn man sich auf das Pferd bemüht, anstatt herumzuschreien ...

Die Schulung des Reiters durch den guten Ausbilder

Es gibt begnadete Reiter, die alles spielend meistern. Wenn sie aber Unterricht geben sollen, versagen sie. Sie machen alles gefühlsmäßig und sind – vielleicht eben deshalb – noch längst keine guten Ausbilder. Ein Lehrer muß alles, was er verlangt, begründen können. Begründungen sind aber nicht gleichzusetzen mit Hinweisen auf Vorschriften oder Selbst-

Abb. 6. Normale Kniebeuge: Beim Hinsetzen wird der Absatz hochgezogen, beim Aufrichten geht der Absatz wieder in die normale Stellung zurück. In diesem Rhythmus bewegt sich daher auch normalerweise der Anfänger auf dem Pferd. Beim Heben aus dem Sattel hält er den Absatz normal und beim Einsitzen in den Sattel hebt er den Absatz mehr oder weniger hoch.

verständlichkeiten, sondern ausführliche und erschöpfende Erklärungen.

Zum Beispiel: Bei der Volte muß der innere Schenkel treiben, damit das Pferd sich seitlich biegt. Diese Erklärung genügt nicht, denn der Reiter muß wissen, warum das Pferd in der Volte gebogen sein muß. Was passiert, wenn es nicht seitlich gebogen ist? Und warum hat die Volte fünf Meter Durchmesser? Warum kann sie nicht kleiner sein? Ist ein Ausbilder nicht in der Lage, diese Fragen richtig zu erläutern, so ist er für den Schüler unglaubwürdig. Die seitliche Biegung des ganzen Pferdes ist nur soweit möglich, als das Pferd dabei noch ungezwungen vorwärts gehen kann. Dies wiederum ist nur möglich bei einer Kreislinie, deren Durchmesser mindestens fünf Meter beträgt. Kleinere Wendungen sind Wendungen auf zwei Hufschlägen. Die Hinterfüße treten nicht mehr in die Spur der Vorderfüße.

Die Anforderungen an den Schüler sollen dem Ausbildungsstand angepaßt sein. In der Regel wird zu früh zu viel verlangt. Wenn ich in Ausbildungsabteilungen Volten sehe, weiß ich genau, wie es um das Können des Reitlehrers steht. Reine Gedankenlosigkeit regiert, wenn weder die Pferde noch die Schüler in der Lage sind, eine korrekte Volte ohne Ziehen am inneren Zügel und ohne ausfallende Hinterhand zu absolvieren und trotzdem das Reiten einer Volte verlangt wird.

Der Anfänger soll möglichst schnell im Gleichgewicht sitzen lernen. Schnell lernt man nur, wenn man nicht überfordert wird. Der Ausbilder muß sich überlegen, wie er den Schüler von vornherein daran hindert, Fehler zu machen.

Wichtig ist zunächst, dem Reitschüler beizubringen, wie er sich auf dem Pferd durchsetzen kann. Der Schüler muß also als erstes die Mittelhandwendung lernen und den Gebrauch der Gerte. Sonst sieht man immer wieder Anfänger, die von Pferden zum Narren gehalten werden und dadurch Angst vor dem Reiten bekommen. Ein Schüler kann aber erst etwas lernen, wenn er keine Angst mehr hat. Wie soll ein

Abb. 7. Die Mittelhandwendung als Bremse: Den Zügel ganz kurz nehmen (etwa zwanzig Zentimeter).

Abb. 8. Die Hand hinter das Knie drücken, damit das Pferd den Zügel nicht wegreißen kann.

Schüler gut sitzen, wenn er Angst hat? Wie soll er die Anweisungen des Reitlehrers hören, wenn er nur das Ende der Stunde herbeiwünscht ohne heruntergefallen zu sein? Also:

Erst das Pferd beherrschen lernen.

Dann einen natürlichen, ungezwungenen Sitz erlernen.

Schließlich lernen, ohne Muskelkraft und stören im Pferdemaul Hilfen zu geben.

Reiten ist eine Balanceakt und kein Kraftakt!

Der gute Ausbilder sollte keine Kommandos geben, sondern Anweisungen. Aufs Kommando gehen die Pferde in der Abteilung von selber in der gewünschten Gangart. Nach Anweisung muß der Reiter selber das Pferd auffordern. Der Reiter muß zum Denken und zur Selbständigkeit erzogen werden. Der Reiter muß dazu erzogen werden, sein Pferd selbst zu arbeiten und sich nicht vom Ausbilder auf den Hufschlagfiguren rumschicken zu lassen.

Für den gedankenlosen Ausbilder ist es sehr bequem, den Schüler mit den üblichen Schlagworten und möglichst gelehrt klingenden Phrasen zu traktieren, die dieser ohne gründliche Erläuterungen nicht begreifen kann. Der Schüler wird sonst annehmen, daß nur der Ausbilder das Reiten beherrscht, somit ein kleiner Herrgott ist, den man bei guter Laune halten muß. In solchen Fällen kann der Reitschüler gar nicht oft und gründlich genug fragen. Er muß solange fragen, bis der Ausbilder sich genau überlegen muß, was er sagt. Ist er nicht in der Lage, seine Anweisungen ausführlich zu begründen, suche man sich besser einen anderen Lehrer. Erstaunlich ist allerdings die Tatsache, daß sehr wenig Reitschüler von der Möglichkeit zu fragen Gebrauch machen. Ich habe oft den Eindruck, sie befürchten, dem Ausbilder gegenüber als dumm zu wirken. Und dumm will ja kein Mensch sein. Der Ausbilder wundert sich dann über seine gelehrigen Schüler – besonders aber darüber, daß sie rechts und links nicht unterscheiden können! Sagt der Ausbilder «nehmen Sie den linken Zügel kürzer», verkürzt der Schüler zunächst den rechten Zügel. Nun gibt es aber viele Reiter, die einen plausiblen Grund dafür angeben: Es sind die sogenannten beidhändigen Reiter, die links gleich rechts, oder links sogar besser als rechts sind. Außerdem gibt es ganze Familien, die Probleme mit der Links-rechts-Orientierung haben. Der Ausbilder tut gut daran, sich mit solchen Schülern darüber zu unterhalten und darauf Rücksicht zu nehmen. Es ist sehr empfehlenswert, statt mit rechts und links, soweit es möglich ist, mit innen und außen zu arbeiten.

Der gute Ausbilder ist die Mutter der Anfänger, aber nicht das Kindermädchen der Fortgeschrittenen!

Der Reiter

Dem Reitschüler muß als Erstes seine Funktion als «Leittier» des Pferdes begreiflich gemacht werden. Bevor er das Pferd besteigt, soll er lernen, zu Fuß das Pferd an der Hand zu führen und nicht am Pferdemaul zu hängen; am besten übt man dies am Halfter, da der Reiter seinem Pferd dann nicht im Maul hängt. Dann muß er lernen, das Pferd an der Longe auf das Reiten vorzubereiten. Er muß dem Pferd die überschüssige Spannung nehmen können. Er darf beim Longieren nicht an der Longe hängen, sondern das Pferd mit der Longe führen.

Bei der Ausbildung zu Pferd müssen die Balanceübungen an erster Stelle stehen, nicht der sogenannte vorschriftsmäßige Sitz. Jede Sitzkorrektur beim Anfänger hat zwangsläufig eine Versteifung zur Folge, wenn es sich um die gute Haltung auf dem Pferd handelt. Der Anfänger muß jede Gleichgewichtsschwierigkeit durch Hintenüberlegen korrigieren. Wirft er sich in seiner Not vornüber, wird er im kritischen Augenblick fallen und leicht auf dem Hufschlag landen. Er macht dem Pferd den Abwurf sehr leicht, ja animiert es dazu, hier etwas nachzuhelfen: Das Pferd braucht nur kurz zu stoppen, und der Reiter landet da, wo er so sehnsüchtig hingeschaut hat. Lernt er dagegen, sich bei jeder Schwierigkeit hintenüberzulegen, ist es für das Pferd nicht so leicht, den Reiter loszuwerden. Der zurückgebeugte Oberkörper gleicht eventuelle Bocksprünge des Pferdes aus.

Die Schwingungen des Pferderückens macht nur das Gesäß des Reiters voll mit, während der Oberkörper das Beharrungsvermögen der Masse ausnutzt. Diese Tatsache muß der Anfänger begreifen. Wenn er davon überzeugt ist, daß hintenüber richtig ist, wird er sich auch danach richten. Dieses Hintenübersitzen bei Gefahr muß daher geübt werden, und zwar in den ersten Reitstunden. Es gibt keinen Menschen, der sich nicht an den Zügeln festhält, wenn er in jeder Hand einen Zügel hat. Der Anfänger darf daher nur eine Hand an den Zügeln haben. Er hat dann eine Hand frei und kann sich in der Mähne, am Sattel, oder noch besser an dem Sicherheitsriemen festhalten und sich hintenüberlegen. Am Hintenreinsitzen erkennt man sofort die erfahrenen Reiter. Der Grund für diese Maßnahme ist: Jedes Ziehen am Zügel fügt dem Pferd im Maul Schmerzen zu. Bei Schmerz im Maul reagiert das Pferd mit Flucht. Der Reiter glaubt, das Pferd bremsen zu können und jagt es in Wirklichkeit davon. Was soll nun das arme Tier dazu denken?

Es gibt Reiter, die dem Pferd die Zügel ganz hingeben, wenn sie den Pferden sagen wollen, jetzt ist Schluß.

Um ein Pferd mit den Zügeln zu bremsen, müßte der Reiter absitzen und die Zügel um einen Baum schlingen; dann muß das Pferd stehen – wenn die Zügel nicht reißen. Solange der Reiter auf dem Pferd sitzt, ist das Ziehen zwecklos. Wenn das Pferd gebremst werden soll, bringt man es einfach durch Wenden auf eine Kreislinie. Läuft das Pferd im Kreis, ist die Flucht witzlos und das Pferd gibt auf.

Bei unserer ortsüblichen Reitausbildung bekommt der Reiter in jede Hand einen Zügel. Warum soll er denn durchaus mit den Schenkeln, dem Gesäß und dem Gewicht Hilfen geben. Zunächst gibt er seine Hilfen mit den Zügeln, und

wenn das Pferd nicht vorwärts geht, haut er die Absätze rein, denn der Ausbilder ermuntert ihn ja, mal endlich die Beine kräftig zuzumachen. Ich erinnere mich noch gut, in meiner Jugendzeit von alten Kavalleristen gehört zu haben, wie der Wachtmeister den Pferden mit seinen Schenkeln die Luft weggedrückt hat. Daß Hilfen nichts weiter als Zeichen für das Pferd sein sollen, ist anscheinend schwer zu begreifen. Mit Gewichts- und Kreuzhilfen wird erst geritten, wenn keine Zügel vorhanden sind. Der richtige Ausbildungsweg sollte daher so beginnen, wie die Jugend auf Ponys beginnt: sich unbekümmert auf das nackte Pony setzen und losreiten. Schulpferde sollten so ausgebildet werden, daß sie auf Gewichts-, Schenkel- und Kreuzhilfen geritten werden können. In der Abteilung ist das sehr schnell möglich. Schüler, die gelernt haben, die Pferde mit einer Hand zu reiten und mit dem äußeren Zügel zu wenden, können später gar nicht am inneren Zügel ziehen. Jede Reitstunde sollte 30 Minuten ohne Zügel und 30 Minuten mit einer Hand geritten werden. Später kann man das Reiten mit beiden Händen im letzten Teil der Stunde dazunehmen.
Ich lasse meine Pferde grundsätzlich über den Baumstamm lösen und anschließend nur mit Stallhalfter reiten. Dauer etwa eine halbe Stunde; die zweite halbe Stunde wird dann mit Sattel und Zaumzeug geritten. Ein Minutenprogramm sollte für jedes Pferd dem Ausbildungsstand entsprechend festgelegt werden. In der Regel werden die Pferde ohne Konzept geritten, wobei sie nichts lernen und besser auf der Weide untergebracht wären. Eine Reitstunde, in der das Pferd nichts gelernt hat, ist verlorene Zeit. Beim Reiten muß man denken. Aber es ist erstaunlich wie einfallslos die meisten Pferdebesitzer ihre Zeit auf dem Pferd verbringen. Also zurück zur Natur. Weg vom *vorschriftsmäßigen* Sitz, weg vom vielen Leder, weg von den vielen Gebissen, weg von den Zwangsjacken wie Ausbinder, Martingal, Schlaufzügel, Aufziehtrense und so weiter. Dies alles sind Erfindungen der deutschen Überheblichkeit und Gründlichkeit

und der Gefühlslosigkeit dem armen Pferd gegenüber. Sowas gibt es bei anderen Völkern nicht. Sollten wir nicht besser diesem Irrweg den Rücken kehren und zu natürlichen Überlegungen zurückkehren? Wir sollten das Pferd nicht als Maschine betrachten, sondern als selbständiges Lebewesen.

Ein kleines Erlebnis aus dem Kriege: Mittags war ich mit meiner Kosakenschwadron in einem neuen Quartier angekommen. Ich wurde zwei Stunden später zur Schreibstube gerufen, um neue Pferde zu verteilen. Auf dem Hof standen die Pferde bereit; als letztes war ein dreijähriger kleiner Schimmelhengst an der Reihe. Der siebzehnjährige Kosak Tscherepacha fragte mich, ob er den Hengst haben könne. Er bekam ihn, sprang drauf und galoppierte vom Hof in sein Quartier. Das Pferd hatte nur ein Stallhalfter auf. Was hätte ein deutscher Soldat gesagt, wenn ich ihm zugemutet hätte, sich auf ein ungesatteltes und ungezäumtes Pferd zu setzen ...

Die Bremse vorne links!

Jeder Anfänger stellt sich zuerst die Frage: Wo ist beim Pferd die Bremse? Wie rette ich mein Leben, wenn das Tier mit mir durchgeht?

Alle Reitlehren – so viele es auch gibt – kann man vor- und rückwärts lesen, die Frage bleibt offen, wie ein Anfänger das Pferd zum Stehen bringt. Dazu muß man nämlich erst reiten können, und das Pferd muß gelernt haben, die Hilfen des Reiters zu verstehen.

Es ist also eine berechtigte Frage, die der Anfänger stellt: «Wo sitzt die Bremse?»

Schon bei jungen Pferden muß man darauf achten, daß der linke Zügel beim Aufsitzen etwas kürzer als der rechte ist und nicht – wie es üblicherweise in den Reitlehren steht – umgekehrt.

Wenn der rechte Zügel etwas kürzer ist als der linke, kann es beim unerfahrenen Pferd passieren, daß es sich rechtsherum dreht, wenn es nach vorne antritt. Der Reiter bekommt dann einen Stoß vor die Brust und kann nicht aufsitzen. Bei verkürztem linken Zügel dreht sich das Pferd allenfalls linksherum, also um den Reiter, und selbst während der Drehung kann ein geschickter Mensch noch aufsitzen. Das Pferd läuft ihm auf keinen Fall davon.

Grundsätzlich soll man allerdings auf ein Pferd, das nicht stillsteht, nicht aufsitzen, sondern das Pferd sich solange linksherum um sich selbst drehen lassen, bis es steht. Gerät jemand in die Situation, daß ihm das Pferd durch Erschrecken oder sonst einen Umstand wegzulaufen droht, so muß der Reiter sofort mit der linken Hand den Zügel kurz greifen und den Kopf des Pferdes nach links ziehen, möglichst bis an seinen Schenkel. Nun kann das Pferd nicht mehr geradeaus gehen, sondern wird sich auf der Mittelhand drehen und kann keine anderen Dummheiten mehr machen.

Diese Mittelhandwendung benutze ich auch, wenn ich ein Pferd bestrafen muß. Wenn das Pferd etwa nicht über eine kleine Rinne gehen will, lasse ich es solange drehen, bis es genug davon hat. Zunächst lasse ich das Pferd dreimal rundum gehen und reite dann in die gewollte Richtung. Schon bei der Andeutung wieder zu streiken, drehe ich das Pferd erneut, aber etwas länger als beim ersten Mal. Nach dem dritten Mal geben die Pferde gewöhnlich auf.

Dieses Drehen auf der Mittelhand ist eine Waffe, die jeder Reiter überall bei sich hat. Auf das Pferd wirkt das ganz anders als ein Sporenstich oder die Peitsche. Gegen Sporen und Peitsche wehren sich die Pferde mitunter sehr unangenehm. Gegen das Drehen um die Mittelhand kann sich kein Pferd wehren. Bei Pferden, die zum Steigen neigen, ist es wichtig, den Kopf schnell bis an den Schenkel zu ziehen. Mit stark gebogener Wirbelsäule kann kein Pferd steigen.

Ich kenne keine Methode, die das Pferd so schnell zur Einsicht bringt wie die Wendung auf der Mittelhand. Und in meiner langjährigen Praxis ist mir kein Fall von Verletzungen bekannt geworden. Fachleute werden sicher sagen: Um Gottes willen, die Kronentritte! Aber: Erstens bekommen die Pferde bei dieser Korrekturmethode keine Kronentritte und falls doch, so wären es keine Lebertritte beim Reiter.

Der bekannte Vielseitigkeitstrainer Ottokar Pohlmann in München hat meinem Sohn während seiner Ausbildung in Riem einen sehr treffenden Rat mit auf den Lebensweg gegeben:

«Nutze jede Gelegenheit, von anderen etwas zu lernen; aber keiner kann Dir sagen, wie Du später Deine Pferde reiten mußt.» Ich glaube, es war das Wichtigste, was mein Sohn in Riem gelernt hat. Es gibt Leute, die können alles und wissen alles besser. Das sind die sogenannten Nichtskönner. Es gibt andere, die sind bescheiden, wißbegierig, unbeirrbar und zielstrebig. Aus diesen kann etwas werden.

Ich habe nicht bei der Kavallerie reiten gelernt und bin durch dieses alte bewährte Schema nicht beeinflußt worden. Ich bin als ländlicher Reiter groß geworden, habe alles sehr nüchtern gesehen und bin nie in meinem Leben bereit gewesen, mir sagen zu lassen, das wird so oder so gemacht, wenn man mir nicht sagen konnte, *weshalb* es so gemacht wird.

Was ich gelernt habe, habe ich vom Pferd gelernt und von Ausbildern, die vorzüglich waren und die ich so verehre, weil sie nicht versucht haben, mich in eine starre Form zu pressen. Nachstehende Ausführungen verdanke ich einem Pferd, das mir einige Jahre vor dem Kriege zum Anreiten übergeben wurde. Ich kam zum Stall, als der Ausbilder gerade versuchte, dieses Pferd zu besteigen. Das Pferd hatte etwas dagegen, und er wollte sich eine Peitsche holen lassen; ich habe ihn gebeten damit zu warten. Ich bin selbst an das Pferd herangegangen, um erst einmal zu sehen, was los war. Es spielte sich folgendes ab: Sobald ich den Versuch machte, aufzusitzen, sprang das Pferd zur Seite. Ich nahm den linken

Zügel kurz und ließ das Pferd solange mit der Hinterhand um die Vorhand treten, bis es stehen blieb. Um mitzukommen hielt ich mich mit der rechten Hand am Bügel fest. Sobald ich Anstalten machte aufzusitzen, sprang das Pferd zur Seite und ich ging immer mit rund. Nach einiger Zeit konnte man dann den Fuß in den Bügel stecken. Aber ich habe nicht den Versuch gemacht aufzusitzen, sondern habe das Pferd gelobt und geradeaus geführt. Dann habe ich den Versuch gemacht, mich vom Boden abzudrücken und das Drehen ging von neuem los. So habe ich stufenweise das Aufsitzen geübt, bis das Pferd stand; das dauerte 45 Minuten. Dabei hat das Pferd zwar gewaltig geschwitzt, aber es hat keinen Schlag bekommen und schließlich eingesehen, daß es sich so selbst umbringt. Am nächsten Tag wiederholte sich das gleiche Spiel, aber das Pferd gab nach einer Viertelstunde auf. Kein Wunder, bei dem Muskelkater, den es gehabt haben muß aufgrund der ungewohnten Bewegung und der Erfahrung, die es am Tage vorher gesammelt hatte. Am dritten Tag konnte ich sofort aufsitzen.

Nach zwei Wochen kam der Besitzer mit seinem Kutscher, um sich mal den Rotschimmel anzusehen. Ich ließ das Pferd satteln und vor die Tür stellen und fragte den Besitzer, was er nun sehen wolle. Er sah mich sehr überrascht an und erkundigte sich, ob der Reitlehrer sich denn darauf setzen wolle. Das Pferd stand da, die Zügel auf den Hals gelegt, der Reitlehrer saß auf und ritt im Schritt davon. Wir standen vor der Stalltür, er trabte an uns vorbei, machte kehrt, galoppierte an uns vorbei und kam im Schritt zurück. Der Besitzer sah den Kutscher an, der Kutscher sah den Besitzer an und dieser sagte: «Wie haben Sie das gemacht? Wir haben versucht, das Pferd einzuspannen, das Pferd hat alles kaputtgeschlagen. Wir haben versucht, ihn anzureiten, haben es aber nicht geschafft.» Jetzt wußte ich auch, warum man mir das Pferd zum Anreiten überlassen hatte.

Als Reservist habe ich bei einer Übung im Reiterzug ein anderes Pferd korrigiert, das bereits im ganzen Regiment die

Runde gemacht hatte. Dieses Tier bekam der Reiterzug einen Tag vor dem Abrücken auf den Truppenübungsplatz. Es schlug hinten aus, quietschte bei jedem Versuch, es zu besteigen, und rollte die Augen wie ein Raubtier. Nach drei Tagen war es mein Chargenpferd, und ich war ausgezeichnet beritten.

So bin ich auf die Idee gekommen, die Mittelhandwendung als Erziehungsmittel zu benutzen. Das Korrigieren eines Pferdes dauert also eine Stunde in zwei Tagen; aber Hand aufs Herz, wer von Ihnen hält eine Stunde durch?

Ein Pferd ist kein Auto, sondern es denkt sehr viel. Wer es beherrschen will, kann sich die Mühe des Nachdenkens nicht ersparen. Wer denken kann wie ein Pferd, der wird bestimmt ein guter Reiter.

Umschulen eines gerittenen Pferdes

Die Zügelhilfen werden fälschlicherweise immer den Vorrang haben, solange die Reiter nicht gezwungen werden, mit Gewichts-, Kreuz- und Schenkelhilfen zu reiten. In vier Wochen kann man jedes Pferd dazu bringen, ohne Zaumzeug und Sattel in eine A-Dressur zu gehen. Man fängt mit der Parade zum Halten an. Man reitet Schritt und legt vor der Parade zum Halten die Zügel auf den Hals. Jetzt drückt man die Knie zu und spannt das Kreuz passiv an (verwahrende Kreuzhilfe) und versucht, das Pferd mit der Stimme zum Halten zu bringen. Reagiert das Pferd nicht auf die Stimme, so greift man kurz in die Zügel und gibt dem Pferd eine energische, kurze Parade. Steht das Pferd, lobt man und gibt ihm ein Stück Möhre. Man darf aber nicht die Unterschenkel benutzen, denn das sind ja die «Gashebel».

Anfangs muß sehr klar zwischen Knie und Unterschenkel unterschieden werden. Später reagiert das Pferd mehr auf Kreuzhilfe. Die verwahrende Kreuzhilfe ist die bremsende. Durch die passive Anspannung des Kreuzes wird der ganze

Oberkörper des Reiters steif. Für das Pferd wird der Reiter eine tote Last und dadurch die Rückenschwingung erheblich gestört. Wenn das Pferd erst weiß, daß es diese Störung beenden kann indem es das Tempo stoppt, wird es dies auch schnellstens tun. Um nun dieser Aufforderung durch das störende Gewicht des Reiters schnell nachzukommen, setzt es die Hinterhand unter. Das Untertreten braucht das Pferd also nicht erst zu lernen, sondern macht es von Natur aus. Ich habe dieses Untersetzen bei Remonten schon in den ersten zehn Stunden beobachtet.

Wenn man später in dieser Art ausgebildete Pferde durchpariert, braucht man die Parade nur mit dem Anspannen der Handmuskeln anzudeuten. Bei Wendungen ohne Zaumzeug müssen die Schenkelhilfen sehr deutlich gegeben werden.

Abb. 9. Rückwärtsrichten mit der Dressurgerte. Um beim rohen Pferd das Rückwärtsrichten zu üben, gibt man am besten anfangs die Dressurgerte einer Hilfsperson in die Hand. Später kann man es, wie auf dem Bild, auch selber machen.

Das Rückwärtsrichten lernen die Pferde sehr schnell, wenn man eine lange Gerte an den Fesselköpfen anwendet und anfangs einen Helfer mit der Gerte einsetzt. Später geht es vom Pferd aus. Eine Hand greift in die Mähne und die Stimme hilft nach mit dem Wort «Zuuurück». Der Rücken wird durch leichtes Anheben des Gesäßes entlastet und die Unterschenkel veranlassen das Pferd zum Treten. Bei dieser Art, das Rückwärtsrichten zu lernen, treten die Pferde vorschriftsmäßig zurück und ziehen die Füße nicht über den Boden, was sie gerne bei der normalen starken Zügelhilfe tun, das heißt, wenn sie mit Hilfe der Zügel zurückgezogen werden.

Die Ausbildung des Reitpferdes

Die Ausbildung des Pferdes besteht aus Erziehung und Gymnastik. Die Erziehung: Der Erfolg der Erziehung hängt weniger vom reiterlichen Können als vielmehr vom Charakter des Ausbilders ab. Der Ausbilder muß nicht nur Psychologe sein, sondern vor allen Dingen konsequent. Das Pferd ist von Natur ein Herdentier und gewöhnt, sich der Rangordnung zu unterwerfen. Der Ranghöchste in einer Herde ist das Leittier. Der Reiter muß die Stelle des Leittieres einnehmen, um es ausbilden zu können. Er muß in jeder Situation sicher auftreten und das volle Vertrauen des Pferdes erlangen. Das Pferd muß Respekt haben, aber keine Angst. Vertrauen kann man nicht (mit Zucker) erkaufen, sondern muß es erarbeiten. Wer nicht loben kann, darf nicht strafen. Das Pferd hat, genau wie der Mensch, Spaß an Beschäftigung, aber nicht an Arbeit. Der Schlüssel zum Erfolg liegt in der Bescheidenheit der Anforderungen. Das Pferd muß spielend tanzen lernen und bei der Ausbildung mitmachen. Professoren haben vor einigen Jahren festgestellt, daß ein Pferd sich nur zwanzig Minuten konzentrieren kann. Von jungen Pferden darf man noch wesentlich

weniger verlangen. Gute Ausbilder richten sich denn bei der Schulung auch nicht nach der Zeit, sondern nach dem Erfolg. Wer nicht in der Lage ist, sein Pferd nach dem erreichten Ziel als Belohnung in den Stall zu bringen – auch wenn dieses Ziel schon nach zehn Minuten erreicht wird – ist eben kein Ausbilder, sondern ein Pauker. Hilfsmittel bei der Erziehung sind die Stimme und die Gerte. Die Stimme hat den großen Vorteil, immer bei der Hand zu sein. Die Gerte sollte bei der Erziehung nur selten, dann aber energisch eingesetzt werden. Der Hauptfehler bei der Erziehung eines Tieres ist das mangelhafte Einfühlungsvermögen des Menschen in die Gedankenwelt des Tieres. Die Erziehung leidet unter der Vermenschlichung. Die Tiere benehmen sich dann wie modern erzogene Kinder, sie nehmen den Erzieher nicht ernst. Lob und Tadel müssen stets sofort erfolgen, daher ist die Stimme das beste Verständigungsmittel. Das Pferd versteht kein Wort, sondern nur den Klang: laut und leise, energisch und sanft, verbunden mit den Gebärden, also den dazugehörigen Bewegungen des Menschen. Einem Pferd Vorträge zu halten ist völlig sinnlos. Durch das dauernde Gerede wird das Pferd gegen die Stimme abgestumpft. Gesprochen wird bei der Ausbildung immer nur dann, wenn gelobt oder getadelt wird. An den Bewegungen des Menschen erkennt das Pferd ob er ängstlich, gefährlich oder vertrauenswürdig ist. Wer mit Selbstsicherheit an ein Pferd herantritt, wird anerkannt. Wer Unsicherheit verrät, erweckt Unbehagen. Er ist für das Pferd als Leittier ungeeignet und verdient kein Vertrauen. Von ihm kann es keine Geborgenheit erwarten. Freude an der Arbeit ist nicht nur für den Menschen wichtig. Vom Pferd darf man nur soviel verlangen, wie es verträgt, ohne sich dagegen zu wehren. Wird das Pferd nach mehrmaliger Übung einer Lektion sauer, hat man schon zuviel gefordert. Lektionen, die erzwungen werden, können nicht elegant aussehen.
Die Gerte ist ebenso unentbehrlich für die Verständigung mit dem Pferd, wie die Stimme. Vor der Gerte muß das

Pferd Respekt und nicht Angst haben. Reagiert das Pferd nicht auf den leichten Druck des Schenkels, hilft man energisch mit der Gerte nach. So wird das Pferd sehr schnell schenkelgehorsam und das unschöne Klopfen mit den Schenkeln erübrigt sich. Zum Heranholen der Hinterhand in der Ausbildung ist die Gerte unentbehrlich. Die gute Erziehung eines Pferdes zeigt sich meistens schon beim Aufsitzen. Gut erzogene Pferde stehen beim Aufsitzen und warten bis sie angeritten werden.

Die Erziehung

Jeder Reiter und jedes Pferd sollten zuerst die Mittelhandwendung lernen. Ohne diese Mittelhandwendung, eine der Grundlagen allen Gehorsams, ist eine reiterliche Ausbildung nicht möglich. Der Reiter muß wissen, daß er sich auf dem Pferd durchsetzen kann. Und das Pferd muß wissen, daß es sich gegen den Reiter nicht durchsetzen kann. Die Pferde sind also daraufhin auszubilden, bevor ein Anfänger auf das Pferd gesetzt wird. Dem Pferd nimmt man so die Neigung, sich zu widersetzen und dem Reiter gibt man das Gefühl der Sicherheit, das er unbedingt braucht, um überhaupt reiten lernen zu können. Durch ein Korrekturpferd bin ich auf die Idee gekommen die Mittelhandwendung als Erziehungsmittel zu benutzen. Ein normales, ungehorsames Pferd begreift in ganz kurzer Zeit, was ‹Mittelhandwendung› bedeutet, und Sie haben dann Ruhe, solange Sie dieses Pferd reiten. Wichtig dabei ist, daß der Zügel wirklich kurz genommen wird, das heißt die linke Hand muß wenigstens bis auf zwanzig Zentimeter an das Gebiß herankommen. Der Zügel darf nicht länger als zwanzig Zentimeter sein, und dann wird die Zügelfaust hinter das Knie gehalten, damit das Pferd dem Reiter nicht die Hand nehmen kann. Beim ersten Mal dreht man das Pferd nur dreimal rundum, beim zweiten Mal vier Umdrehungen, beim dritten Mal fünf Umdrehungen; meistens geben die Pferde nach der dritten Mittelhandwendung auf. Wichtig ist, daß ich diese Mittelhandwendung bei jeder Gelegenheit konsequent anwende, sobald das Pferd irgendwie streikt: Wenn ich anreiten will, und das Pferd tritt nicht sofort an. Oder wenn ich irgendwo zur Seite abbiegen will, und das Pferd versucht, in die entgegengesetzte Richtung zu gehen. Man muß konsequent sein und bei allen derartigen Gelegenheiten diese Mittelhandwendung anwenden. Dann dauert es nicht lange und das Pferd denkt gar nicht mehr daran, irgendwie auszuflippen.

Die Gymnastik des Pferdes

Das Pferd muß lernen, seinen Körper auf das zusätzliche Gewicht des Reiters einzustellen. Es muß die tragende Hinterhand kräftigen und lernen, unter den neuen Schwerpunkt

Abb. 10. Anreiten im Trab mit kurzen Zügeln, die Hände dicht am Drehpunkt des Kopfes an den Halswirbeln. So kann das Pferd den Kopf nach jeder Richtung frei bewegen ohne im Maul gestört zu werden. Im Trab dicht an den Stamm reiten.

Abb. 11. So muß sich das Pferd voll aus der Hinterhand über das Hindernis drücken und fliegt nicht aus der Geschwindigkeit rüber.

Abb. 12. Ungestört im Maul, mit gestreckter Wirbelsäule und den Rücken durch den Reiter völlig entlastet, überwindet das Pferd den Sprung und landet mit wenig Druck auf den Vorderbeinen.

Schonende Landung für die Vorderbeine des Pferdes durch das geringe Tempo beim Sprung aus dem Trab

Abb. 13. Sicheren Halt hat der Reiter durch das Aufstützen auf den Mähnenkamm.

Abb. 14. Erster Galoppsprung nach dem Landen. Jetzt wird zum Trab durchpariert. Die Hände bleiben immer an diesem Punkt, auch im Trab auf dem Zirkel.

Abb. 15. Man dirigiert das Pferd energisch mit beiden Zügeln in die Ecke, notfalls mit dem Kopf vor die Wand, so daß es stehenbleiben muß.

zu treten. Der Reiter sitzt in der Regel etwas vor dem Schwerpunkt des Pferdes.

Eine Möglichkeit, die Hinterhand zu trainieren, ist das Angaloppieren aus dem Schritt. Dabei muß das Pferd sein Gewicht mit der Hinterhand zum Sprung anheben und kann nicht (wie beim Angaloppieren aus dem Trabe) das Gewicht über die Vorhand schieben.

Die zweite Möglichkeit, die Hinterhand zu kräftigen, ist das Springen aus dem Trabe. Springt ein Pferd aus dem Trabe, kann es nicht (wie beim Springen im Galopp) durch die Geschwindigkeit das Hindernis überfliegen, sondern muß sein Gewicht mit der Hinterhand hinüberdrücken.

Die dritte Möglichkeit zur Gymnastik ist das tiefe Ausreiten der Ecken auf dem Dressurviereck. Vor den Ecken das Tempo stoppen und mit dem inneren Schenkel durch die Ecken treiben. Das Stoppen des Pferdes vor der Ecke ohne kräftige Parade erreicht man durch tiefes Ausreiten der Ecke. Man dirigiert das Pferd energisch mit beiden Zügeln in

Abb. 16. Versammeln auf der kurzen Seite.
Das Pferd wird durch tiefes in die Ecke Reiten (siehe Bild 1) im Tempo gestoppt, nicht durch Ziehen am Zügel. Das Bild zeigt ein Pferd in fortgeschrittener Ausbildung.

Abb. 17. Das gleiche Pferd völlig entspannt, durch Leichttraben mit hingegebenem Zügel in flottem Tempo an der langen Seite.

die Ecke, notfalls mit dem Kopf vor die Wand, so daß es stehenbleiben muß. So lernt das Pferd sehr schnell auf eine halbe Parade das Tempo vor der Ecke zu stoppen. Wichtig dabei ist die vorherrschende Kreuzeinwirkung. Durch die Tempoverminderung ist das Pferd gezwungen, vermehrt das Gewicht mit der Hinterhand aufzunehmen. In der Ecke tritt der innere Hinterfuß durch die entstehende Längsbiegung automatisch unter den Schwerpunkt.

Diese drei Möglichkeiten der Gymnastik geben jedem einigermaßen ausgebildeten Reiter die Möglichkeit, seinem Pferd eine solide Grundausbildung zu geben.

Das Springen aus dem Trabe und das Angaloppieren aus dem Schritt sind Übungen, die besonders die Hinterhand kräftigen. Das korrekte Durchreiten der Ecken auf dem Viereck dient der Gymnastik des ganzen Körpers. Die Wirbelsäule wölbt sich und ihre Seitenbiegung wird erreicht. Das Pferd lernt, sich durch die Aufrichtung von hinten (durch Aufwölben der Wirbelsäule von der Kruppe bis zum Kopf) an das Gebiß zu stellen. Es geht am Zügel, ohne auf der Hand zu liegen.

Ein Pferd dagegen, dem der Kopf heruntergezogen worden ist, geht mit der Stirnlinie vor der Senkrechten, und meistens ist die Halswirbelsäule gleichzeitig nach vorne durchgedrückt, das Pferd zeigt den sogenannten Hirschhals. Der Rücken ist dann versteift und das Pferd ist schlecht auszusitzen.

Man lasse einmal selbst seinen Kopf nach vorne fallen, man hat dabei keine Schwierigkeiten, aber der Rücken wölbt sich dabei auch nicht. Genauso hat beim Pferd das Herunterziehen des Kopfes keine Wirkung auf den Rücken.

Andererseits: Wenn man den Rücken krümmt, so geht der Kopf gleichzeitig herunter. Es ist unangenehm, den Kopf bei gekrümmtem Rücken nach hinten zu drücken. Gleiches gilt beim Pferd.

Die seitliche Biegung der Wirbelsäule ist leicht zu erlangen, wenn die Wirbelsäule gleichzeitig aufgewölbt ist – schwieriger, wenn sie durchgedrückt ist.

Abb. 18. Bei gekrümmtem Rücken geht der Kopf von selber runter.

Abb. 19. Bei gekrümmtem Rücken den Kopf hochzuheben, ist sehr unangenehm und nur für kurze Zeit möglich.

Erreicht man eine Wölbung des Rückens, nimmt das Pferd den Kopf von selbst herunter.
Ferner: Läuft ein Mensch schnell um eine Hausecke, so stoppt er vor der Ecke das Tempo, macht sich dabei krumm und richtet sich erst wieder auf, wenn er die Ecke hinter sich hat. Er drückt jetzt mit den Beinen ab, um das Tempo zu verstärken.

Das seitliche Biegen zu Fuß geübt

Abb. 20. Der Reiter läuft mit höchster Geschwindigkeit in die Ecke.

Abb. 21. Um nicht gegen die Wand zu laufen, muß die Geschwindigkeit verringert werden. Der Reiter krümmt den Rücken, um bremsen zu können.

Abb. 22. Nach der Ecke verstärkt der Reiter des Tempo wieder, indem er kräftig abdrückt ...

Abb. 23. ...und sich wieder mehr aufrichtet.

Genauso ist die Wirkung der Ecke in der Reitbahn für das Pferd. Die Hausecke ist der innere Schenkel, um den das Pferd läuft. Durch das Stoppen des Tempos verlagert sich der Schwerpunkt weiter nach hinten. Das Pferd muß dadurch die Hinterhand mehr untersetzen. Die Folge ist das Aufwölben des Rückens. Anschließend – auf der geraden

Linie – muß das Tempo wieder verstärkt werden, damit der Rücken sich durch Strecken entspannt. Gymnastiziert wird das Pferd nur durch dauernden Wechsel zwischen Versammeln (Spannen) und Strecken (Lösen) der Wirbelsäule. ‹Arbeitslosentrab› mit heruntergezogenem Kopf ist keine Dressur, sondern Zeitvergeudung, und doch – es ist ein Phänomen – ist gerade dies die Hauptbeschäftigung der meisten Reiter.

Das Wichtigste bei der Ausbildung eines Pferdes, der Schritt am hingegebenen Zügel, muß schwer zu erlernen sein, denn Schritt am hingegebenen Zügel reiten die wenigsten Reiter. Er fällt der Hektik unserer Zeit zum Opfer. Dabei sind die Pausen bei der Gymnastik so außerordentlich wichtig. In den Pausen muß das Pferd die Wirbelsäule völlig strecken können und sich natürlich mit langen Schritten erholen können. Werden die Zügel nicht hingegeben, stößt sich das Pferd am Zügel und streckt sich nicht richtig. Ein Pferd, dem nie die Zügel hingegeben werden und das sich nie völlig unter dem Reiter strecken darf, geht wie eine Frau mit hohen Absätzen und nicht wie ein Wanderer mit bequemem Schuhwerk. Wer im Gelände sein Pferd nicht im natürlichen Gleichgewicht gehen lassen kann, hat daher auch kein Pferd mit gutem Schritt.

Wer die Pausen nicht einhält, kann nicht ausbilden und hat ein Pferd mit stumpfen Bewegungen, ohne Schwung und Eleganz.

Pferde, die nur mit Handbremse gefahren werden, denen der Kopf mittels Martingal heruntergezogen worden ist und die auch in die Wendung gezogen, nicht geritten werden, sind Tragtiere und keine Reitpferde.

Die unabhängige Hand

Die Hand des Reiters muß der ruhende Pol sein. Die Hände dürfen nicht die Auf- und Abbewegungen des Körpers mitmachen. Sie würden dann das Pferd im Maul stören.

Abb. 24. So trägt jeder Mensch ein Glas Wasser, weil er in dieser Haltung das Glas am sichersten balancieren kann. Aus diesem Grunde halten auch die Westernreiter die Zügel so auf dem Pferd. Sie vermeiden damit im Pferdemaul unnötige Schmerzen bei scharfen Gebissen. Sie können so ohne Bedenken scharfe Zäumung verwenden, die die Pferde entsprechend respektieren. Mit einer Hand sieht daher auch alles eleganter aus. Oder tragen Sie ein Glas Wasser mit beiden Händen? Dem Anfänger sollte man daher auch eine höhere Handhaltung gestatten und nicht gleich schreien: «Hände runter», sondern «Hände nach vorn», dann hat er auch die Stellung der Zügelfäuste vor seinen Augen. Der Ausbilder braucht nicht dauernd das Zügelmaß zu korrigieren. Der durchgerutschte Zügel ist für den Reitschüler ein Problem.

Der Anfänger versucht sich verständlicherweise am Zügel festzuhalten. Dies ist für das Pferd sehr unangenehm im Maule. Der Anfänger darf daher gar nicht die Zügel in beide Hände nehmen. Mit einer Hand kann er nicht halb soviel Dummheiten machen wie mit zwei Händen. Gibt man ihm die Zügel in eine Hand, so nimmt er automatisch die Hand so hoch, als ob er ein Glas Wasser tragen müßte. Es wäre jetzt falsch, den Reiter zu veranlassen, die Hand tiefer in die vorschriftsmäßige Höhe zu nehmen. Zunächst ist es wichtig, daß er die Hand ruhig hält (Westernreiter). Zu hoch ist immer richtiger als zu tief.

Hat er es gelernt ruhig und ausbalanciert zu sitzen, wird es ihm nicht schwerfallen, die Hand vorschriftsmäßig tiefer zu halten. Um ihn beidseits gleichmäßig auszubilden, hält er die Zügel immer mit der inneren Hand. Die freie Hand benutzt er, um sich bei Bedarf am Sicherheitsriemen oder Sattel festzuhalten. Der Reiter bekommt auf diese Weise sehr schnell einen lockeren Sitz im Gleichgewicht. Vor allen Dingen lernt er nicht das Ziehen am inneren Zügel bei Wendungen, sondern ist gleich gezwungen, das Pferd mit dem äußeren Zügel zu wenden.

Der Radfahrer

Ein Radfahrer auf dem Pferd ist was Schreckliches, solange er nicht freihändig fahren kann. Er glaubt, das Pferd genau so steuern zu müssen, wie ein Fahrrad. Links ziehen geht linksrum und rechts ziehen geht rechtsrum. Jeder Radfahrer lernt sehr schnell, den Lenker locker zu führen, da er sonst am nächsten Baum landet. Auf dem Pferd glaubt der Reiter aber nicht, daß das Pferd bei einer lockeren Zügelführung besser gehen würde, da er ja die Zügel als Bremse benutzt. Erst wenn er auf dem Pferd sitzt wie auf dem Fahrrad freihändig, kann er wirklich reiten.

Der Radfahrer richtet sich auf, läßt den Lenker los und

Abb. 25. Für den wirklichen Reiter sind die Zügel Nebensache.

dirigiert nur noch mit den vorgeschobenen Gesäßknochen, seinem Gewicht und den Tritten in die Pedale sein Rad. Der Reiter kann es mit dem Pferd ebenso machen. Er schiebt die Gesäßknochen vor und läßt die Zügel locker und dirigiert das Pferd mit Kreuz, Gewicht und Schenkelhilfen. So kann er bei einiger Übung auch freihändig reiten.

Ein Reiter zieht nicht, sondern schiebt.

Er hat das Pferd vor sich und nicht hinter sich. Er dirigiert das Pferd möglichst unsichtbar, wie ein guter Tänzer seine Partnerin.

Die Hilfen beim dressurmäßigen Reiten

Hilfen sind die Zwiesprache zwischen Reiter und Pferd und, richtig angewandt, kaum vom Zuschauer zu sehen. Die

Abb. 26. Ungestörte Harmonie

Abb. 27. Abwenden auf den Zirkel im Linksgalopp

Parade mit der Hand wird nur mit gleichzeitiger Kreuzhilfe durchgeführt und ist eine Angelegenheit von Sekunden, andernfalls handelt es sich nicht um eine Parade, sondern um ein Ziehen am Zügel. Eine Parade mit der Hand reicht vom Anspannen der Handmuskeln bis zum Ruck ins Maul. Letzteres ist unter dem Namen «Insterburger» bekannt. Die richtige Parade muß immer mit der passiven Kreuzhilfe verbunden sein. Bei der passiven Kreuzhilfe steht das angespannte Kreuz *über* den Gesäßknochen mit aufgerichtetem Oberkörper. Durch die Aufrichtung des ganzen Körpers ist die Wirbelsäule steif, das ganze Körpergewicht wirkt wie eine tote Last und bremst die Rückenschwingungen des Pferdes.

Bei der aktiven oder vorwärtstreibenden Kreuzhilfe steht das Kreuz hinter den Gesäßknochen und schiebt die Gesäßknochen nach vorn. Die Wirbelsäule des Reiters bleibt dabei elastisch und fördert die Bewegungen des Pferdes.

Das Anspannen des Kreuzes ist nicht möglich, ohne auch die Wadenmuskeln etwas anzuspannen. So wird also bei jeder Parade auch die dazugehörige Schenkelhilfe gegeben. Nur bei der Parade zum Halten wird bewußt durch das Schließen der Knie der Schenkeldruck abgeschwächt. Der Zuschauer sollte die Paraden gar nicht wahrnehmen können. Das Schließen der Handmuskeln kann er auch kaum sehen. Alle Hilfen sollen möglichst unsichtbar sein und dürfen daher auch nichts mit Kraftanwendung zu tun haben.

Hilfen sind nur Zeichen, mit denen sich der Reiter dem Pferd verständlich macht.

Jede Kraftanwendung stört das Pferd im Gleichgewicht, stört die Bewegungen. Ein Reitpferd soll sich aber natürlich bewegen, sonst geht die ungezwungene Eleganz verloren. Was würde ein Reiter sagen, der einen anderen huckepack trägt, und dieser andere säße nicht still?

Das Anreiten junger Pferde

Wenn die Fohlen von der Weide kommen, sind sie friedlich. Haben sie einige Wochen im Stall gestanden, sticht sie der Hafer. Zunächst werden die Remonten am Halfter in die Bahn geführt, um sich diese ansehen zu können. Man kann sie auch erst mal darin laufen lassen. Möglichst zwei gleichzeitig, weil sie ja Gesellschaft gewöhnt sind, oder ein altes, ihnen bekanntes Pferd dazu. Anschließend werden sie in die Mitte geführt und ein leichter Reiter wird daraufgehoben. Der Reiter hält sich in der Mähne fest, bringt das Pferd irgendwie in Bewegung und läßt es laufen. Er unterläßt jede Einwirkung, solange sich das Pferd bewegt. Zum Lenken steht ihm das Halfter zur Verfügung und das genügt. Am Anfang ist es unwichtig, wo und wie das Pferd läuft. Die Möglichkeit, im Maul rumzureißen, hat der Reiter nicht, das ist die Hauptsache. Auch wenn das Pferd mal buckelt oder angaloppiert, darf er sich nicht aus der Ruhe bringen lassen. Zwanzig Minuten genügen als erste Reitstunde, und diese soll auch später dreißig Minuten nicht überschreiten. Am zweiten Tag bekommt der Reiter einen Stock in die Hand, um das Pferd lenken und antreiben zu können. Außer Stock und Stimme versteht das junge Pferd keine Hilfen. Nach einer Woche wird ein kurzer Hackamore aufgelegt. Der Reiter hat inzwischen begriffen, dass sich das Pferd bewegen kann, ohne im Maul Schmerzen zu erleiden. Er nimmt die Zügel lang in eine Hand und faßt mit der anderen in die Mähne, wie bisher. Die Zügel werden unter keinen Umständen zum Bremsen benutzt. Bei Wendungen, also in den Ecken oder auf dem Zirkel, wird der äußere Zügel angelehnt, mit einer Hand, wie die Westernreiter. So lernt das Pferd sehr schnell, auf den äußeren Zügel zu reagieren. Zu etwas anderem darf der Zügel auf keinen Fall benutzt werden. Zum Bremsen oder Anhalten darf nur das Kreuz passiv angespannt werden (Kreuzhilfe) – in Verbindung mit der Stimme; zum Wenden auf die gebogene Linie nur das

Abb. 28. Auf der linken Hand Schenkelweichen rechts. Die Vorhand auf dem Hufschlag.

Gewicht des Reiters und der äußere Zügel. Nach einer Woche mit der Hackamore wird erstmals der Sattel aufgelegt und das Pferd läuft damit ein paar Runden ohne Reiter in der Bahn umher. Würde der Reiter sofort aufsitzen, müßte das Pferd den unangenehmen Druck des Sattelgurtes mit dem Reiter in Verbindung bringen. An eines dürfen sie sich allerdings nie gewöhnen, an das Ziehen am Zügel, denn dann werden es keine Reitpferde, sondern Zugpferde (wie man auf Jagden deutlich sehen kann, wenn sie den Reiter davonziehen ...).

Das Abreiten

Grundsatz muß sein, so wenig wie möglich zu verlangen, das Wenige aber gründlich. Mit viel kann man beim Pferd viel verderben. Ich habe schon oft gesagt: Wenn man sich

Abb. 29. Auf der linken Hand Schenkelweichen links. Die Hinterhand auf dem Hufschlag.

ein dreijähriges Pferd kauft, es auf die Weide jagt und es ein Jahr in Ruhe läßt, hat man ein Jahr Ausbildung gespart. Und daran ist etwas Wahres. Meistens werden die Pferde zu früh und zuviel gearbeitet. Ich bin daher zu folgender Methode gekommen: Zunächst reite ich zwei Runden Schritt am hingegebenen Zügel. Dann nehme ich die Zügel auf und trabe an, auf der langen Seite trabe ich leicht und auf der kurzen Seite sitze ich aus. Vor der ersten Ecke mache ich die äußere Hand zu, stelle sie fest. In dem Moment, in dem ich aussitze, treibe ich jetzt mit dem inneren Schenkel und nehme den inneren Zügel soweit zurück, bis das Pferd nach innen gestellt ist und im Genick nachgibt. In dem Moment, in dem das Pferd nachgibt, muß mit beiden Händen nachgegeben werden. Wer diesen Augenblick verpaßt, hat den Sinn der Sache nicht begriffen. Auf jedes Nachgeben des Pferdes muß auch die *Belohnung* folgen, das *Nachgeben des Reiters.* Gibt das Pferd nicht nach, muß der innere Schenkel energisch treiben und die Hand solange festbleiben, bis das Pferd nachgibt. Gelingt es auf der kurzen Seite nicht, geht man auf den Zirkel und reitet dort weiter. Gibt es aber dann nach, sofort die Zügel weg und leichttraben, ganze Bahn. Also nur solange auf der gebogenen Linie reiten, wie es nötig ist. In der nächsten Ecke bin ich zwangsweise wieder auf der gebogenen Linie und wiederhole meine Hilfen klar in der Reihenfolge: äußere Hand zu im Moment des Aussitzens dann Treiben mit dem inneren Schenkel und Zurücknehmen der inneren Hand, bis das Pferd sich nach innen stellt und nachgibt. Niemals beide Hände zugleich schließen. Zunächst begnüge ich mich damit, das Nachgeben des Pferdes in jeder ersten Ecke zu erreichen. Wenn dies sicher sitzt, kann ich dazu übergehen, das Gleiche auch in der zweiten Ecke zu verlangen. Zwischen den Ecken muß ich aber anfangs mit beiden Händen nachgeben. Gibt das Pferd willig in allen vier Ecken nach, kann ich auf der kurzen Seite mit der äußeren Hand stehenbleiben und gebe nur bis zur zweiten Ecke mit der inneren Hand nach. Auf der langen Seite wird grundsätzlich am langen Zügel leichtgetrabt, damit das Pferd sich strecken kann und sich von der Spannung in den Ecken erholt. Nach etwa zehn Minuten wird zum Schritt durchpariert und die Hand gewechselt. Nach dem Handwechsel wird grundsätzlich mindestens noch eine Runde Schritt mit hingegebenen Zügeln geritten. Wer nicht mit hingegebenen Zügeln reiten kann, wird auch keine Pferde mit natürlichem langen Schritt haben. Schrittreiten ist schwer in unserer hektischen Zeit, dafür wird stundenlang Arbeitslosentrab geübt. Arbeiten eines Pferdes bedeutet den Körper des Pferdes zu gymnastizieren, die Feder, die der Rücken darstellt, geschmeidig zu machen. Biegt man eine Feder und läßt sie unter Spannung stehen, wird sie lahm und das sollen ja unsere Pferde nicht werden. Eine Balletteuse steht ja auch nicht eine Stunde auf den Zehen, um tanzen zu lernen. Warum ich auf die Arbeit in den Ecken soviel Wert lege, ergibt sich aus der Tatsache, daß das Pferd nur in der Ecke mit dem Hinterfuß unter den Schwerpunkt des Körpers tritt. Je schneller ein Pferd geht, um so weniger ist es gezwungen, den Hinterfuß unterzusetzen. Wichtig ist also

Abb. 30. Die Zügelführung auf der gebogenen Linie, bei der Volte ...

Abb. 31. ...oder der Hinterhandwendung. Der Oberkörper dreht sich in der Hüfte in die gewünschte Richtung. Die Arme des Reiters bleiben dabei gleichmäßig am Oberkörper angelehnt und die Hände bleiben gleichmäßig vor dem Oberkörper stehen. Durch die Drehung des Oberkörpers wird automatisch der innere Zügel zum Pferdemaul kürzer und der äußere Zügel an den Hals gelehnt. Dem leichten Druck des Zügels am Hals folgt das Pferd. Der innere Zügel führt das Pferd in die Wendung, ohne Ziehen am inneren Zügel.

bei unserer Arbeit, daß das Tempo vor der Ecke verringert und auf der langen Seite verstärkt wird, also dauernder Tempowechsel. Da die Pferde in der Mehrzahl auf der linken Hand lieber gehen als auf der rechten, beginnt man auf der linken Hand. Auf der rechten Hand beginnt nun unser Spiel von neuem. Vor der ersten Ecke Tempo deutlich verringern durch halbe Parade, indem man aussitzt und gleichzeitig die äußere Hand schließt, dann erst mit dem inneren Schenkel treibt und mit der inneren Hand die Seitenstellung gibt. Hat man so sein Pferd auch auf der rechten Hand etwa zehn Minuten gearbeitet, kann das Pferd als abgeritten gelten und wird ruhig und losgelassen dahermarschieren. Bei der weiteren Arbeit an genügende Schrittpausen am hingegebenen Zügel bei jedem Handwechsel denken!

Wie man ein Pferd nicht abreitet

Ich sah, wie ein Reiter sich bemühte, ein verhältnismäßig junges Pferd im Schritt abzureiten. Ich war neugierig, wie lange das gut gehen würde. Der Reiter hat das Pferd zwanzig Minuten im Schritt am langen Zügel geritten. Das Pferd ging keinen vernünftigen Schritt: es eilte, es löste sich nicht und kam nicht zu einem ruhigen Takt. Ich wartete immer darauf, daß es explodieren würde. Das kam dann auch sehr bald. Als das Pferd etwa eine Runde getrabt worden war, kam die Explosion. Das Pferd sprang plötzlich in die Gegend und dies gleich etwa dreimal hintereinander. Dann beruhigte es sich und anschließend ging es normal im Galopp.

Dieses Pferd, das so voller Energie steckte, hätte die Sprünge gleich am Anfang machen müssen. Solche Pferde reitet man im Galopp ab und nicht im Schritt. Man muß den Überdruck erst einmal herauslassen. Dazu geht man auf den Zirkel und läßt das Pferd galoppieren und da kann es auch noch zu Bocksprüngen kommen. Meistens kommt es dann aber nicht dazu, da der Vorwärtsdrang nicht gehemmt wird.

Zwanzig Minuten ein Pferd daran zu hindern, vorwärts zu gehen, ist kein Abreiten. Abreiten heißt die Muskeln lokkern und die Spannung herauslassen, damit man zum Treiben kommt. Wenn man nicht dazu kommt treibende Hilfen anzuwenden, kommt man auch nicht dazu, Einfluß auf das Pferd zu nehmen. Man kann dann nur bremsen und nicht arbeiten.

Mein Rezept, die Pferde an der Longe aus dem Trabe über einen Baumstamm springen zu lassen, hat den Vorteil, daß das Pferd nicht nur gelöst, sondern die Hinterhand gymnastiziert ist, alles in fünf Minuten.

Das Arbeiten des Pferdes

In den üblichen Reitvorschriften heißt es, beim Durchreiten der Ecke muß die innere Hand nachgeben. Die innere Hand kann aber erst nachgeben, wenn das Pferd in der Ausbildung entsprechend weit gefördert ist. Wann ist nun dieser Zeitpunkt gekommen? Anfangs ist es, wie wir wissen, nötig, erst die äußere Hand zu schließen und gleichzeitig mit dem Kreuz die Parade zu geben, mit dem inneren Schenkel zu treiben und mit der inneren Hand die Stellung nach innen zu geben. Sind die Pferde nun in der Ausbildung weiter gefördert, werden sie sich bei durchhaltender innerer Zügelhilfe überzäumen. Jetzt ist also der Augenblick gekommen, wo nach der Parade vor der Ecke die innere Hand in der Ecke nachgeben muß, nun steht das Pferd am äußeren Zügel. Die innere Hand wird beim Durchreiten der Ecke kaum noch in Aktion treten. Ein Pferd stellt sich durch Nachgeben der inneren Hand in der Ecke nicht an den äußeren Zügel, sondern durch die *vorbereitende*, systematisch aufgebaute Arbeit. In der weiteren Arbeit erhöht man jetzt die Anforderungen und läßt nicht nur das Pferd an der kurzen Seite am Zügel stehen, sondern steigert die Arbeit folgendermaßen: Vom Mittelpunkt der kurzen Seite bis zum Mittelpunkt der nächsten kurzen Seite sitzt man aus, die nächste halbe Runde trabt man leicht und läßt sich das Pferd wieder entspannen. Später kann man dann auch eine ganze Runde das Pferd am Zügel stehen lassen.

Eine Dressurprüfung A dauert etwa sieben Minuten. Bis wir die erste A-Dressur reiten, ist es also nicht nötig, ein Pferd eine halbe Stunde am Zügel traben zu wollen, denn dann ist es mit dem Schwung bestimmt aus. Als Vorbereitung für den Mitteltrab sind kurze Reprisen auf dem Zirkel zu empfehlen, bei denen das Pferd aufgefordert wird, an der geschlossenen Seite versammelt zu gehen und an der offenen Seite ein freieres Tempo, mit nachgebendem Zügel. Mitteltrab wird durch vermehrte Versammlung auf der kurzen Seite mit anschließendem stärkerem Treiben und leicht nachgebender Hand aus der Ecke an der langen Seite erreicht.

Bei Pferden, die aus dem Takt kommen und zum Laufen neigen und – statt die Tritte zu verlängern – die Trittzahl erhöhen, also laufen, muß man umgekehrt arbeiten. Auf der langen Seite ein freies Tempo und vor der ersten Ecke anfangen zu treiben bis in die zweite Ecke hinein, auf der langen Seite wieder verhalten reiten. Dies muß man auch bei den Pferden tun, die Mitteltrab gehen können, um zu erreichen, daß sie bei einer ganzen Runde Mitteltrab auf der kurzen Seite genau so gut gehen wie auf der gewohnten langen Seite, also gleichmäßiges Tempo eine ganze Runde. In der Praxis sieht man immer wieder die Pferde auf der langen Seite Mitteltrab gehen und auf der kurzen nur besseren Arbeitstrab, also nicht im Takt. Damit kommen wir zu dem Thema Takt und Tempo.

Unter Takt versteht man das gleichmäßige Zeitmaß von einem Schritt zum anderen, das heißt ob das Pferd versammelten Trab, Arbeitstrab oder Mitteltrab geht, die Zeit zwischen den Tritten muß die gleiche bleiben. Die Zahl der Tritte ändert sich in der gleichen Zeit nicht, sondern nur die Trittlänge. Wenn ein Pferd schnellere Tritte statt längere macht, nennt man das «Laufen». Pferde, die aus der Hinterhand mit raumgreifenden Tritten dahin treten, wo der Fuß hinzeigt, treten vorschriftsmäßig aus der Schulter. Pferde, die im Mitteltrab mit zackigen Tritten von oben nach unten strampeln, sind nur eine Augenweide für den Laien.

Unter Tempo versteht man die Zeit, in der eine Strecke zurückgelegt wird. Für Geländereiter ist es wichtig, daß sie sich das Gefühl für Temporeiten aneignen. Der Reiter muß lernen, wie schnell er mit seinem Pferd reiten muß, um zum Beispiel ein Tempo von 400 Metern in der Minute zu erreichen.

Der Galopp

Die Arbeit im Galopp wird ebenso auf der gebogenen Linie durchgeführt wie beim Trab in den Ecken. Da das Tempo aber höher ist, muß die gebogene Linie entsprechend größer sein, wir beginnen die Galopparbeit daher auf dem Zirkel. Jedes rohe Pferd ist beim Angaloppieren aus dem Schritt gezwungen, sich mit den Hinterfüßen zum Galopp zu heben, das heißt beim Angaloppieren muß jedes Pferd mit den Hinterfüßen vermehrt abdrücken um die Vorhand zum ersten Galoppsprung anheben zu können. Diese Tatsache mache ich mir zunutze und fördere den Galopp durch häufiges Angaloppieren. Ich versuche, dem jungen Pferd möglichst schnell das Angaloppieren aus dem Schritt beizubringen. Wie man ein Pferd angaloppiert und wie dazu die Hilfen zu geben sind, können Sie in jeder Reitanleitung genauestens lesen. Leider ist nur selten erklärt, wann ich diese Hilfe geben muß. Das Pferd hat vier Beine, und es ist daher kein Kunststück, die bestgemeinte Hilfe auf dem falschen Fuß zu geben: Dann wundert sich der Reiter, wenn das Pferd, trotz korrekter Hilfen, falsch anspringt. Es gibt verschiedene Möglichkeiten des Angaloppierens: Man kann zum Beispiel das Pferd mit dem Wort «komm» anspornen –

eine sehr empfehlenswerte Hilfe! Man kann mit der Gerte das Pferd antreiben. Man kann beide Schenkel reinknallen, und das Pferd wird richtig anspringen, wenn auch in diesem Augenblick der innere Hinterfuß untersetzt. Ich habe oft als Demonstration ein Pferd auf dem Zirkel in richtiger Stellung mit korrekten Hilfen auf dem falschen Hinterfuß angaloppiert, und zum Erstaunen der Zuschauer sprang das Pferd prompt falsch an. Daraus folgt: die korrektesten Hilfen und alles Wissen über die Hilfen zum Angaloppieren sind für den Reiter wertlos, wenn er nicht das Gefühl dafür hat, in welchem Moment er diese Hilfen anwenden muß. Am einfachsten ist es für den Reiter, wenn er sich bemüht, die Bewegung der inneren Schulter nach vorne durch die vorschriftsmäßige Galopphilfe zu unterstützen. Das heißt: wenn die innere Schulter sich in Bewegung setzt, muß er die Galopphilfe geben. In diesem Augenblick hat nämlich der innere Vorderfuß abgefußt und dem inneren Hinterfuß Platz gemacht zum Untertreten. In der Praxis sieht das so aus, daß der Reiter die Bewegung der inneren Schulter beobachtet und jedesmal, wenn die Schulter nach vorne geht, im Geiste «jetzt» sagt. So lernt er sehr schnell den richtigen Augenblick zu erkennen. Er kann dann laut bei «jetzt» das Pferd mit dem Wort «komm» unterstützen. Junge Pferde werden auf dem Zirkel gegen die Bande angaloppiert, weil sie gegen die Bande ruhiger bleiben und nicht den freien Hufschlag vor sich haben.
Ich beginne auf der rechten Hand, weil ich damit die besten Erfahrungen gemacht habe. Ob es an den Pferden oder an mir liegt, weiß ich nicht. Wenn ich jetzt zum Schritt durchpariere, leite ich die Parade grundsätzlich mit der Stimme ein. Ich sage also: «Schääritt», und dann kommt die Parade. Man kann bei der Arbeit der Pferde die Stimme gar nicht genug gebrauchen, maulfaule Reiter bei der Arbeit sind für mich ein Greuel. Sehr erfolgreich kann man auch die Parade mit einem lobenden Schlag auf den Hals mit der Hand einleiten. Bevor man die Hilfen zum Angaloppieren gibt,

werden bei jungen Pferden die Zügel kurz aufgenommen und dann sofort angaloppiert, also nicht über längere Zeit an den Zügel gestellt. Dann haben die Pferde sehr schnell raus, daß nach dem Zügelaufnehmen angaloppiert wird. Es beruhigt die Pferde sehr, wenn man später angaloppiert, ohne die Zügel aufzunehmen, sie sind dann gezwungen, mit den Hinterfüßen beim Angaloppieren besonders stark abzudrücken, da sie ja mit gestrecktem Hals gehen. So erreicht man ein ruhiges erhabenes Angaloppieren des Pferdes. Wenn das Pferd am Zügel galoppiert, muß man jeden Galoppsprung durch Nachgeben der Hand unterstützen. Man muß die Hände mit den Hüften nach vorne schieben und den Galoppsprung rauslassen. In der Praxis sieht man sehr oft Reiter, die in diesem Augenblick mit der Hand zum Körper zurückgehen. Pferde, die dauernd so geritten werden und gegen den Zügel springen müssen, setzen die Hinterbeine nicht genügend unter und gehen den sogenannten Viertaktgalopp: die Hinterbeine traben. Wie im Trabe kann man den Galopp auf dem Zirkel durch Versammeln an der geschlossenen Seite und anschließendes Vorwärtsreiten an der offenen Seite mit nachgegebener Hand fördern. Da das Pferd – wie gesagt – beim Angaloppieren gezwungen ist, mit den Hinterfüßen besonders kräftig abzudrücken, kann man den Galopp durch dauerndes *Angaloppieren* besonders fördern. Pferde, deren Hinterhand durchtrainiert ist, heben sich mühelos zum ersten Galoppsprung ab. Um das zu erreichen braucht man kein Reitkünstler zu sein.

Man beginnt die Galopparbeit auf dem Zirkel mit einer Runde Schritt und dann einer Runde Galopp. Galoppieren die Pferde ruhig an, kann man nach einem Vierteljahr auf eine halbe Runde je Gangart runtergehen. Nur nichts übertreiben, sondern sich viel Zeit lassen.

Abb. 32. Linksgalopp

Abb. 33. Rechtsgalopp
Man glaubt nicht, wie schwierig es für manche Reiter ist, zu Fuß zu galoppieren.

Abb. 34 und 35. Die Fußstellung des Pferdes vor dem Angaloppieren (oben Linksgalopp, unten Rechtsgalopp).
Der Hinterfuß setzt unter, wenn der Vorderfuß abhebt. Der Reiter kann das Abheben des Vorderfußes an der Vorwärtsbewegung der Schulter beobachten. Bewegt sich die Schulter, muß der Reiter die Hilfen zum Galopp geben. Der Reiter muß darauf achten, daß er die gewünschte Seite rechtzeitig zum Galopp auffordert.

Der zweite Hufschlag

Ein Stiefkind bei der Ausbildung des Pferdes ist das Reiten auf dem zweiten Hufschlag. Jede Übung die sitzt, sollte man auf dem zweiten Hufschlag überprüfen. Bei Dressurprüfungen der Anfängerklasse sieht man hin und herschaukelnde Pferde beim Reiten auf der Mittellinie. Die Mehrzahl der Teilnehmer holen sich dabei die ersten Minuspunkte. Der Grund ist das dauernde Reiten auf dem Hufschlag. Der Hufschlag ist für die Pferde das, was für die Eisenbahn die Schienen sind. Fehlt den Pferden die Anlehnung an die Bande, werden sie unsicher. Auf dem Hufschlag kann der Reiter schlafen, besonders in der Abteilung.
Die Schwierigkeiten beginnen beim Einzelreiten. Reitet der Reiter auf dem zweiten Hufschlag, muß er das Pferd dirigieren, sonst läuft es sofort auf den alten Hufschlag zurück. Besonders ist das Angaloppieren auf dem zweiten Hufschlag zu üben. Also immer daran denken, was nicht geübt wird sitzt nicht. Schularbeiten werden nicht auf Turnieren gemacht!

Springen Pferde gern?

Wenn Pferde nicht gerne springen, hat man es ihnen verekelt. Mein erstes Turnierpferd (siehe mein schönster Sieg) hat eine etwa 80 Zentimeter hohe und fünf Meter lange Stange nie ausgelassen, wenn es die ersten Runden um die Weide drehte um sich auszutoben. Ihr Halbbruder, genannt «der Dicke», machte sich bei leichter Schneedecke einen besonderen Spaß, den glatten Drahtzaun, der die Weide teilte, folgendermaßen zu springen: Er galoppierte durch das offene Tor von einer Weide auf die andere und sofort ein Stück längs des Zaunes. Nach etwa 50 Metern machte er rechtsum, nahm 30 Meter Anlauf und sprang den Zaun. Galoppierte sofort wieder durch das offene Tor und machte haargenau das Gleiche von der gleichen Stelle.

Eines Tages bekamen wir Besuch aus dem drei Kilometer entfernten Nachbardorf von einem zweijährigen Fohlen. Es war über eine Feldsteinmauer von ein Meter Höhe in unser Hofkoppel gelandet. Die Weide unseres Nachbarn war mit vier dicken halbrunden Stangen und einer Höhe von 1,40 m eingezäunt. Ich traute meinen Augen nicht wie das Fohlen auch die Nachbarweide besuchte und ohne Aufforderung wieder bei uns landete. Der Eigentümer hat dann das mutige Tier bei uns abgeholt.

Später hat ein Deckhengst versucht diesen Zaun zu springen. Er blieb mit der rechten Hinterhand auf dem Pfosten hängen und stand nur mit den Vorderfüßen auf der Erde. Der Hengst hat sich kaum verletzt, weil er ruhig blieb, bis wir eine Säge geholt hatten und den Eichenpfosten abschneiden konnten. So ruhig kann ein Hengst Trakehner-Abstammung sein. Am nächsten Tag ging er wieder im Gespann.

Unser erstes Schulpferd war siebenjährig und A u. L Springen gegangen. Nachdem wir unser erstes Dressurviereck eingezäunt hatten weihten wir den Platz ein, indem Soraja sich die Beine vertreten sollte. In der Mitte stand eine Stange von ca 80 cm Höhe. Nach drei Runden um den Platz nahm sie das Hindernis, indem sie dreimal hin- und hersprang. Zu unserer großen Überraschung hatte sie die Nase noch nicht voll vom Springsport.

Das Einspringen junger Pferde

Man baut sich einen festen Sprung von rund 80 Zentimeter Höhe, möglichst dick und respektabel – am besten Telegraphenmasten auf weichem Boden und einer großen Zirkellinie. Über diesen Sprung werden die Pferde im Trab longiert. Sie dürfen nicht galoppieren, da sie nicht aus der Geschwindigkeit, sondern aus der Hinterhand springen sollen.

Die Hinterhand muß geschult werden, damit später das Pferd aus jeder Lage jeden Oxer und jede Kombination bewältigen kann. Springt das Pferd nach einiger Zeit willig an der Longe mit tiefer Nase, kann man dazu übergehen, es auch unter dem Reiter springen zu lassen. Den geschmeidigen Sitz lernt der Reiter am besten beim Springen aus dem Trabe. Wenn ich Pferde über Übungshindernisse gehen lasse oder Übungsparcours, dann werden sie vorher abgeritten, indem sie zirka 15mal auf der linken und anschließend auf der rechten Hand im Trab über diesen Sprung gehen. Danach geht es über niedrige Sprünge bis 90 Zentimeter hoch ohne Fänge. Die Pferde werden grundsätzlich ohne Fang gearbeitet, damit der Reiter gezwungen ist, das Pferd über die Mitte des Hindernisses zu dirigieren und nicht laufen zu lassen. Nimmt man dem Reiter die Arbeit des Dirigierens ab, wird er auch nicht daran denken, es zu tun. Zunächst werden die Sprünge einzeln grundsätzlich aus dem Trab gesprungen. Es wird nach dem Sprung immer zum Schritt durchpariert, damit die Pferde gar nicht erst das Laufen lernen. Wenn ein Pferd sich nicht durchparieren lassen will, wird eine Volte geritten.

Solange die Pferde sich nicht vernünftig aus dem Trab springen und anschließend durchparieren lassen, werden nicht zwei Hindernisse hintereinander gesprungen. Wichtig ist, daß das, was von den Pferden verlangt wird, auch mühelos von den Pferden zu bewältigen ist. Und daß das, was von den Pferden verlangt wird, bedingungslos verlangt wird. Wenn ein Pferd gelernt hat, daß es sich immer auf den Reiter verlassen kann, kann man sich auch auf sein Pferd verlassen, aber Voraussetzung ist, daß das Pferd niemals angeschmiert wird. Was von dem Pferd verlangt wird, geht, das muß das Pferd wissen, nicht nur der Reiter.

Erst wenn die Pferde ruhig und ordentlich aus dem Trab über die Sprünge gehen, kann man auch versuchen, mehrere Sprünge hintereinander zu reiten; aber ja nicht zu viel, immer wieder zwischendurch Schrittreprisen. Der Reiter muß lernen, nach jedem Sprung durchzuparieren, das Pferd muß wissen, daß es nach jedem Sprung durchpariert wird.

Lösen an der Longe über den Baumstamm aus dem Trab

Abb. 36. Longe am Halfter. Das Pferd springt mit guter Basküle
und wenig Tempo.

Abb. 37. Bei der Landung werden die Vorderbeine durch das
geringe Tempo wenig beansprucht.

Das Pferd muß sich an jedem Sprung anreiten lassen. Sowie ein Pferd das Hindernis anzieht, wie es so schön heißt, ist es ungehorsam und muß sofort abgewendet werden. Erst wenn das Pferd ruhig auf den Sprung zugeht und die treibende Hilfe des Reiters annimmt, das heißt, wenn man das Pferd aus dem Trab zwei Galoppsprünge vor dem Sprung ruhig angaloppieren kann, ist das Pferd gehorsam. Wenn das Pferd von selbst auf einen Sprung losstürmt, ist es ungehorsam, und das ist das Schlimmste, was einem passieren kann. Wenn das Pferd erst ungehorsam wird, muß man mit dem zufrieden sein, was das Pferd mit dem Reiter im Parcours macht.

Wenn die Pferde für ein A-Springen vorbereitet werden, soll man sie bis zu einem Meter trainieren. Auf dem Turnier

Abb. 38. Das Pferd ist vorbereitet für die ersten Springstunden eines Anfängers (vorderer Haltegriff) und für spätere Stunden (hinterer Griff).

Abb. 39. Er hat in der ersten Schlaufe Halt und ist gezwungen, das Gesäß soweit aus dem Sattel nach vorne zu heben, daß er beim Sprung nicht vom Sattel nach vorne gestoßen wird. Er kann das Pferd nicht beim Absprung im Maul stören. Diese Maßnahmen sind nicht mehr nötig, wenn der Reiter gelernt hat, seinen Körper in die Sprungbewegung des Pferdes zu schieben.

springen sie sowieso zehn Zentimeter höher. Der größte Fehler, den man machen kann, ist der, daß man Pferde bis L trainiert, damit sie nachher ein A-Springen gehen können. Das ist immer falsch, weil sie das Abwerfen lernen.

Beim Pferd muß man mit wenig anfangen, aber das Wenige bedingungslos verlangen. Dann wissen die Pferde auch, daß sie sich auf den Reiter verlassen können; und wenn beide wissen, daß sie sich aufeinander verlassen können, sind sie nachher unzertrennlich und erfolgreich.

Der Springstil

Ich reite den Springstil der dreißiger Jahre, nicht den Hochleistungsstil eines A. Schockemöhle. Die Pferde so stark spannen, und dann so schnell mit den Händen vorne sein, kann kein Anfänger und kein Normalverbraucher. Die verheerende Wirkung dieses Stils, den eben keiner nachmachen konnte, hat sich als Tierquälerei auf den deutschen Springsport ausgewirkt. Übriggeblieben ist der Hin- und Herschiebesitz, den unsere Jugend bei Stilspringen vorzeigen muß; sonst sehen die Richter ja nicht, was ein guter Stil ist. Meine Jugendreiter können kein Stilspringen reiten, da die Pferde mit unsichtbaren feinen Hilfen geritten werden, die der Richter nicht sieht.

Der Sitz des Reiters beim Springen

Der Idealsitz ist in jeder Reitlehre genügend beschrieben worden. Er ist aber von einem Anfänger leider nicht zu verlangen. Ein Anfänger kann nicht leicht vornübergeneigt sitzen, die Hände rechts und links vom Widerrist. Er hält sich dann am Zügel fest, wenn das Pferd abspringt und fällt ihm in den Rücken, wenn es landet. Ich gehe daher beim Anfänger einen anderen Weg. Ich habe seinerzeit den italienischen Springsitz in Reinkultur gelernt. Ich habe ihn als ländlicher Reiter gelernt. Wir saßen mit ganz extrem kurzen Zügeln auf dem Pferd, beide Hände ganz vorn auf dem Mähnenkamm und soweit runter mit der Nase, daß die Ellenbogen ebenfalls den Mähnenkamm berührten. Ich bin einmal so mit einem Pferd in der Bahn gestürzt. Das Pferd machte einen Rumpler und lag hinter dem Sprung auf dem Bauch und ich saß immer noch auf dem Pferd, die Ellenbogen auf dem Mähnenkamm.
In meiner Praxis als Reitlehrer habe ich es anders gemacht. Ich verlange auch sehr kurze Zügel und die Hände sollen

etwa 30 Zentimeter hinter den Pferdeohren in die Mähne greifen. So kommt der Reiter mit den Händen möglichst dicht an den Drehpunkt des Pferdekopfes am Hals. Wenn der Reiter mit seinen Händen dem Drehpunkt so nahe ist, kann das Pferd den Kopf nach vorne strecken, ohne durch die Hand des Reiters gestört zu werden. Wenn aber der Reiter seine Hände weiter hinten hat und sich im Zügel festhält, wird es für das Pferd sehr unangenehm. Dadurch, daß der Reiter gezwungen ist, mit den Händen weit vorne in die Mähne zu greifen, ist er auch gezwungen, sich in die Bügel zu stellen und die Knie zuzumachen und dann steht der Reiter sozusagen auf drei Beinen. Beim Absprung kann er sich an der Mähne halten, beim Landen oder beim plötzlichen Stehenbleiben des Pferdes stützt er sich auf den Mähnenkamm.

Beim Unterricht habe ich es mit meinen Schulpferden öfter erlebt, daß die Pferde sprangen, wenn der Reiter die Hand vorne in der Mähne hatte. Wenn nicht, blieben sie vor dem Sprung stehen. Die Pferde sind auch so klug, daß sie sich den Ruck ins Maul und den Stoß ins Kreuz gerne ersparen.

Das Springen im Gelände

Bekanntlich sind die schwierigsten Hindernisse im Gelände die Gräben. Wenn ein Pferd Gräben springen lernen soll, muß man das mit Geduld üben. Zu Anfang schmale Gräben, falls nötig die ersten Male absitzen und vorweg gehen. Wenn aber später ein Pferd mal streikt, wo es nicht nötig ist, hat es keinen Sinn das Pferd über einen Graben zu prügeln.

Beim Grabenspringen wird ein Kardinalfehler gemacht: das Pferd mit hoher Geschwindigkeit dagegen geritten und wenn es jetzt abstoppt, sofort kehrt gemacht und neu angeritten. Diese Reaktion des Reiters ist völlig falsch. Ein Pferd ist in der Lage, einen Graben von zwei Meter und mehr aus dem Stand zu springen. Man reitet also ruhig an den Graben heran – am besten im Trabe – und verhindert, daß das Pferd nach rechts oder links wegspringt. Man läßt es jetzt ruhig vor dem Graben stehen, daß es sich die Situation genau ansehen kann und wartet, bis es aus dem Stand abspringen kann. Hat man ein sicheres Pferd dabei, läßt man dieses vorspringen. Wenn ein Pferd widersetzlich wird, was auch vorkommt, es sich also um ein sogenanntes verdorbenes Pferd handelt, macht man in aller Seelenruhe kehrt und reitet 100 Meter zurück. Auf diesen 100 Metern zurück setzt man die Sporen ein, vielleicht auch die Peitsche. Dann macht man wieder in aller Seelenruhe kehrt und reitet im Trabe gegen den Sprung. Dabei darf das Pferd von irgendwelcher Aufregung des Reiters nichts merken. Auch nicht vor dem Sprung besonders energisch treiben, keine Sporen, keine Peitsche gebrauchen, sonst bringt das Pferd den Graben mit den Sporen in Verbindung. Das hat Zeit, bis man wieder kehrt gemacht hat.

Und wenn das Pferd dies so fünfmal durchexerziert hat, dann macht es meistens beim sechsten Mal den Hals lang und springt. Wenn der Reiter merkt, daß das Pferd abspringen will, muß er mit der Zügelhand weit auf dem Mähnenkamm vorgehen, um das Pferd beim Sprung ja nicht zu stören. Beim Grabenspringen in der Gemeinschaft, zum Beispiel auf Jagden, ist es sowieso verkehrt, ein Pferd, das nicht gleich springt, abzuwenden und damit quer vor dem Hindernis zu stehen. Dann behindert man die nachkommenden Reiter und bringt sie unnötig in Gefahr, denn dann springen die nachkommenden Pferde auch nicht.

Wenn ein Pferd vom Graben kommend rückwärts geht, erkennen die nachfolgenden Pferde, daß da was nicht stimmt und sehen nicht ein, warum sie vorwärts gehen sollen. Man läßt also sein Pferd ruhig gerade vor dem Graben stehen und wartet, bis es den anderen Pferden nachspringt. Man sollte mit Pferden, die nicht grabensicher sind, niemals im Jagdfeld vorne erscheinen, das ist eine Rücksichtslosigkeit den Mitreitern gegenüber. Aus dem gleichen Grunde sollte man auf Jagden auch keine Gräben überbauen, das nimmt den Gräben die Natürlichkeit. Überbaut werden nur Stolpergräben, welche die Pferde im Gelände übersehen können. Aber Gräben, die sie springen müssen, sollte man auf keinen Fall überbauen, sonst lernen die Pferde nie vernünftig Gräben springen. Einen überbauten Graben kann man eben nicht aus dem Stand springen.

Das Aufsitzen

Andere Völker andere Sitten; bei uns gilt die H.D.V. (Heeres-Dienst-Vorschrift). Danach haben sich unsere Reiter und Pferde zu richten, ob groß ob klein, wenn auch unsere Pferde gar nicht feldmarschmäßig mit Gepäck beladen sind. Nun sitzen aber die Isländer mit dem Gesicht zum Pferdekopf und die Westernreiter mit dem Gesicht zum Sattel auf und zwar mühelos, ohne hinter dem Pferd herzuhüpfen. Bei kleineren Pferderassen ist das Aufsitzen entsprechend leichter. Alten Reitern und solchen mit Körperfülle fällt das Aufsitzen schwerer und ist für die Pferde auch kein Genuß. Durch die lange einseitige Belastung werden die Pferde gezwungen, seitlich zu treten um nicht das Gleichgewicht zu verlieren. Ich stelle mich völlig verkehrt mit meiner rechten Seite ans Pferd neben dem Sattel, greife mit der rechten Hand über den Sattel und halte mich am Sattel fest, wenn ich den linken Fuß mit Hilfe der linken Hand in den Bügel stecke. Jetzt schiebe ich den linken Fuß mit Bügel neben die Schulter des Pferdes soweit nach vorne, bis ich mit der linken Hand die Mähne des Pferdes und die Zügel erfassen kann. Dann drücke ich mit dem rechten Fuß ab und ziehe mich mit beiden Armen in den Sattel.
Die Vorteile dieser Methode sind folgende: Ich kann dem Pferd nicht in die Rippen treten. Das Pferd wird nicht einseitig zur Seite gerissen, sondern nach rückwärtsseitwärts und fängt die Belastung mit dem linken Hinterfuß ab. Erleichtert wird diese Art aufzusitzen durch den von mir

Abb. 40. Der Autor beim Auf- und Absitzen: «Verkehrt» – aber bewährt!

Abb. 41. Rauf und runter das gleiche Bild.

entwickelten Sicherheitsriemen, der in der Halsgrube vor dem Widerrist sitzt und am Sattelgurt unter der Brust festgehalten wird.

Absitzen kann man im Zeitlupentempo und reißt keine Knöpfe mehr vom Rock. Für Reiter mit loser Kniescheibe, für die das Abspringen gefährlich ist, besonders zu empfehlen.

Der Sicherheitsriemen

Bedingt durch mein Alter habe ich mir in den letzten Jahren Gedanken über die Sicherheit beim Springen im Gelände gemacht. Ich brauche sicheren Halt am Pferd beim Aufsitzen, beim Springen und beim Absitzen. Ich brauche also einen festen Griff am Pferd an der richtigen Stelle. In

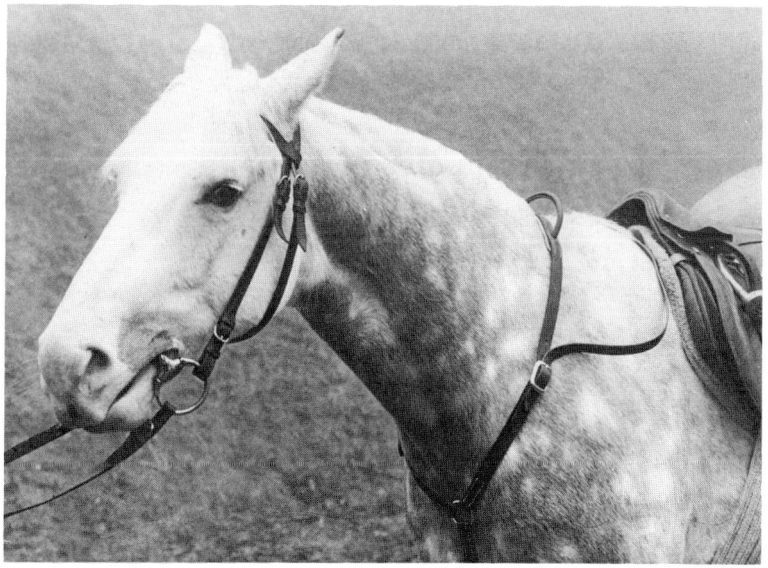

Abb. 42. Der Sicherheitsriemen.

vierjähriger Entwicklungs- und Erprobungszeit ist ein Handgriff am Pferd vor dem Widerrist entstanden, der alle Anforderungen für größte Sicherheit erfüllt.
Beim Springen kann ich den Handgriff 30 Zentimeter nach vorne schieben und so genügend mit den Zügeln mitgehen. Beim Landen habe ich eine sichere Stütze. Bleibe ich mal im Sprung hinter der Bewegung, reiße ich dem Pferd nicht mehr im Maul.
Ich hoffe mit diesem Riemen 50 Prozent der Stürze von Reitern zu verhindern. Das Wichtigste aber ist die Schonung der Pferdemäuler.

Die Maulschwierigkeiten der Reitpferde

Auf Jagden beobachtet man immer wieder, daß ein großer Teil der Pferde während der Jagd nicht ruhiger sondern heftiger wird. Die Ursache wird dem Temperament der Pferde zugeschrieben, was völlig falsch ist. Durch die Paraden mit der Trense werden die Lefzen gegen die Backenzähne gedrückt. Wenn bei den Paraden auch noch geriegelt wird, ist die Wirkung besonders schlimm. Da die Pferde grundsätzlich gegen den Schmerz gehen, nehmen empfindliche Pferde den Kopf hoch und reißen das Maul auf. Wenn jetzt scharfe Paraden gegeben werden, oder noch geriegelt wird, schneidet man die Lefzen auf den jetzt freistehenden Zahnkanten regelrecht auf und das Maul wird blutig. Bei solchen Schäden werden die Maulwinkel untersucht und man wundert sich, daß sie meistens heil sind. Wie katastrophal das Maul innen aussieht, merkt man erst, wenn man die Zunge zur Seite nimmt und die gegenüberliegende Backe nach vorne krempelt. Am leichtesten kann man die Schäden mit Hilfe einer Taschenlampe feststellen. Diese Verletzungen im Maul wirken auf das Pferd wie brutale Sporenstiche. Das Pferd ist ein Fluchttier und entzieht sich dem Schmerz durch die Flucht nach vorn.

Nun gibt es Pferde, deren Backenzähne abgeflacht aus dem Kiefer kommen, das sind die glücklichen Pferde; sie können durch die Trense keine Verletzungen bekommen. Die meisten Pferde aber haben abgeschliffene Zähne, die auch eine entsprechend scharfe Vorderkante haben. Wenn, was bei jüngeren Pferden öfter vorkommt, die unteren Backenzähne vor den oberen stehen, sind sie scharfkantig. Meistens, und besonders bei älteren Pferden, ist es umgekehrt, die oberen Backenzähne stehen vor den unteren und werden an der Vorderkante nicht abgeschliffen. So entsteht ein richtiger scharfer Haken. Ich habe schon Pferde erlebt, bei denen diese Haken so lang waren, daß ich sie mit dem Meißel entfernt habe, bevor ich mit der normalen Raspel zu Werke ging.

Da über die Hälfte aller Pferde scharfkantige Backenzähne haben, sollte man jedes Pferd untersuchen, ehe man ins Gelände oder in einen Parcours geht. Zur Untersuchung nimmt man die Zunge nach der Seite heraus und kann dann auf der gegenüberliegenden Seite mit dem Daumen die Zähne abtasten. Laut Reitvorschrift soll ja das Trensengebiß schön auf der Zunge liegen und gegen den Unterkiefer wirken. Wenn aber das Pferd den Kopf hochnimmt, rutscht die Trense in Richtung Gebiß und wirkt, da sie ein Gelenk hat, wie ein Nußknacker, der die Lefzen von der Seite gegen die Zähne drückt. Verwendet man ein Gebiß mit Kinnkette, so verhindert die Kette das Rutschen des Gebisses in die Maulspalte.

Verletzungen, die durch Hebelgebisse entstehen, wie zum Beispiel bei der Kandare, sind Verletzungen der Kieferknochen, der sogenannten Laden. Dieser Ladendruck ist leicht festzustellen: Haben die Pferde Ladendruck, gehen sie auch durch. Eine alte Regel sagt, daß man ein durchgehendes Pferd nur dadurch bremsen kann, daß man ihm die Zügel auf den Hals wirft. Jetzt wissen wir auch warum, denn die Schmerzen hören auf. Häufig werden Pferde im Gelände mit der sogenannten Thiedemann- oder Springkandare geritten;

sie hat wenig Hebelwirkung, aber eine Kinnkette, die das Hochrutschen verhindert und ist dadurch verhältnismäßig harmlos. Jetzt können wir uns auch erklären, warum soviel mit Martingal geritten wird. Wer reiten kann und ein gut gerittenes Pferd hat, braucht ein Martingal nur, wenn das Pferd mit dem Kopf schlägt, sonst stört das Martingal die feine Verbindung zwischen Pferdemaul und Reiterhand. Ein richtiggeschnalltes Martingal soll die Linie Pferdemaul – Hand nicht stören, also lang genug geschnallt sein. Es verhindert aber nicht die vorbeschriebenen Verletzungen. Jetzt können wir uns ebenfalls vorstellen, warum viele Reiter das Martingal so kurz schnallen und damit besser zurechtkommen. Wenn die Zügel durch das Martingal in Richtung Pferdebrust gezogen werden, kann das Gebiß nicht in die Maulspalte rutschen. Früher war ich ein Gegner des Martingal und benutze es auch nur bei einem meiner Jagdpferde, weil es mit dem Kopf schlägt. Heute sage ich: je schlechter der Reiter, um so kürzer das Martingal! Er hat dann zwar keine vernünftige Einwirkung auf das Pferdemaul, aber das Pferd hat weniger zu leiden, da der Reiter zur Hälfte an der Pferdebrust hängt. Das Pferd kann sich beim Springen zwar nicht so gut strecken, aber es braucht den Reiter wenigstens nicht nur mit dem Maul hinüberzuziehen. Wenn ein Pferd schlecht kaut und verdaut, raspelt der Tierarzt die Zähne. Man sollte daran denken, bei der Gelegenheit auch gleich die scharfen Kanten der vorderen Bakkenzähne, auch an der Außenseite, entfernen zu lassen. Die harmloseste Zäumung für ein Pferd ist das Hackamore mit kurzen Anzügen und breitem Nasenriemen, richtig verschnallt, ja nicht zu eng. Das lange Hackamore mit zu starker Hebelwirkung ist auch gefährlich, weil die Schmerzen für das Pferd zu groß werden. Am ruhigsten gehen die Pferde, wenn man die Zügel in eine Hand nimmt und mit der anderen Hand den Hals beruhigend streichelt. Auf dem Bild sehen Sie den oberen ersten Backenzahn mit seiner gefährlichen Spitze vorne und auch nach den Seiten.

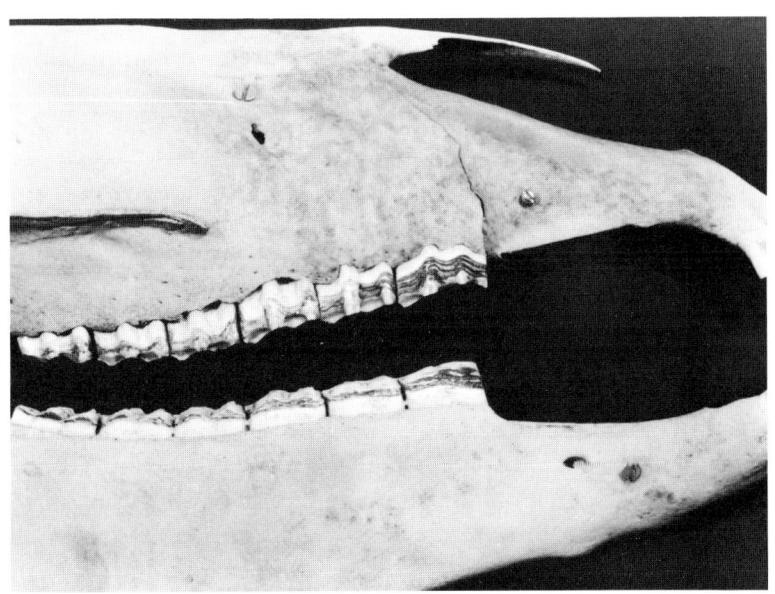

Abb. 43. Der gefährliche Backenzahn beim Pferd.

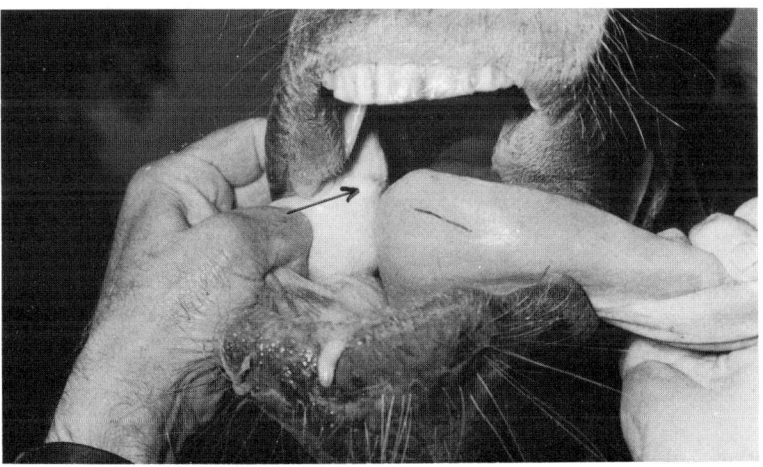

Abb. 44. Der Pfeil zeigt auf eine Verletzung, die der rechte obere Backenzahn durch Druck des Trensengebisses von außen verursacht hat.

Geht aus irgend welchen Gründen ein Pferd nicht kurz vor der Senkrechten, sondern mit vorgestreckter Nase, werden durch die lose im Maul liegende Trense die Backen auf diese spitzen Zahnecken gedrückt. Es entstehen auf der Innenseite der Backen Verletzungen in der Schleimhaut, die je nach der Schwere der Verletzung das Maul des Pferdes durch austretendes Blut kennzeichnen. Gemein werden diese Verletzungen, wenn ein Pferd in dieser Situation auch noch geriegelt wird. Ich wiederhole: Wenn am Pferdemaul sich der Schaum rosa färbt, sind nicht die vom Gebiß durchgescheuerten Maulspalten schuld sondern die Verletzungen im Maul, die man nur sehen kann, wenn man dem Pferd die Zunge nach einer Seite herausnimmt und die gegenüberliegende Lefze mit der Hand nach außen umkrempelt. Wenn man dann noch keine Verletzungen sieht, braucht man nur eine Taschenlampe zu Hilfe zu nehmen.

Die Vermenschlichung des Pferdes

Das Pferd ist nun mal kein Mensch und besonders kein moderner Mensch mit Vorliebe für antiautoritäre Erziehung. Das Pferd ist ein Herdentier der Steppe. Seine Waffe ist die Flucht. Kann es nicht fliehen, sind seine Hinterbeine die Waffe. Eine Stutenherde schützt die Fohlen vor Raubtieren durch Bildung eines Kreises, in dem die Fohlen stehen. Die Köpfe zur Mitte, bilden sie eine Abwehrmauer.
Ich habe versucht, ein Pferd, welches sich vom Reiter nicht mit der Gerte treiben ließ, von hinten mit der Peitsche anzutreiben. Es blieb sofort stehen und schlug nach mir. Es ist dann zwei Jahre im Schulbetrieb gegangen und hat keinem Schüler etwas getan. Als es verkauft war und abgeholt wurde, wollte ein älterer Mann beim Verladen mit einem Stallhalfter in der Hand nachhelfen. Ich konnte nicht so schnell warnen und war froh, daß der Schlag des Pferdes den Mann nicht getroffen hatte.

Es ist bekannt, daß alle Gertenhilfen vor der Gurtlinie angewandt zur Flucht veranlassen, also vortreibend wirken. Alle Hilfen hinter der Gurtlinie bewirken normalerweise eine Reaktion der Hinterbeine. Ein Pferd muß erst lernen, auf eine Gertenhilfe hinter der Gurtlinie hin vorwärts zu gehen. Viele Pferde schlagen daher auch nach den Sporen oder den stoßenden Absätzen des Reiters.

Pferdebesitzer sind stolz auf ihre gut ernährten Tiere und bedenken nicht, was überflüssiges Fett für eine dauernde Last ist. Wenn sie schon den eigenen Appetit nicht zügeln können, sollten sie wenigstens die Pferde damit verschonen. Ein Vollblutpferd trägt bei Rennen etwa fünf Kilo Fett einschließlich Darmfett. Ein Warmblutpferd in mittlerem Futterzustand etwa 45 Kilo. Man kann sich ausrechnen was ein «ach so gut genährtes» Pferd einschließlich des wohlproportionierten Reiters durchs Gelände schleppen muß. Ich habe nie fette Pferde geritten. Wer ein Lebewesen beherrschen will, muß sich selbst beherrschen können. Der Mensch hat viel Verstand und das Pferd wenig, aber ein gutes Gedächtnis. Er sollte nichts vom Pferd verlangen, wenn er sich nicht sicher ist, daß es auch begreift, was er von ihm will.

Zubehör und Extras werden heute im Reitsport großgeschrieben. Sie sind in Wirklichkeit nichts weiter als eine Zwangsjacke für die Pferde. Die Reitkunst wird durch Technik ersetzt. Ein komplett ausgerüstetes Pferd ähnelt einem Auto mit sechs Scheinwerfern und drei Hupen!

Der Pferdekauf

Das erste Pferd, welches man sich kauft, ist mehr oder weniger immer ein Reinfall. Lehrgeld muß jeder zahlen. Man kann die Höhe des Verlustes aber durchaus in Grenzen halten, wenn man dem Rat erfahrener Pferdemenschen folgt. Man kauft keinen Anzug, den man nicht anprobiert hat. Man kauft kein Pferd, auf dem man nicht selbst gesessen hat. Wer ein Pferd zum Spazierenreiten kaufen will, muß es auch im Gelände geritten haben. Wer sein erstes Pferd kauft, muß ein älteres, mit Anfängern erfahrenes Pferd kaufen. Je älter um so besser. Eigenartigerweise wollen Anfänger in maßloser Überschätzung ihrer Fähigkeiten oder aus Prestigegründen ein junges unverdorbenes Pferd kaufen. Ich habe aus dieser Tatsache die Konsequenz gezogen und diesen Leuten gesagt, sie mögen sich einen anderen Stall suchen, denn ich will mit diesem Unfug nichts zu tun haben. Kauft man ein brauchbares altes Pferd, kann man in einem Jahr tausend Mark verlieren. Ein junges Pferd muß man auch mit diesem Betrag jährlich abschreiben. Reitlehrer, die auch Pferdehandel treiben, eignen sich nicht als Berater. Ein Reitpferd muß möglichst viele Eigenschaften, die dem Käufer persönlich entgegenkommen, besitzen. Der Preis des Pferdes, die Abstammungspapiere, die Farbe und die Rasse sind letztlich eine Nebensache. Wichtig für den Reiter ist die Eignung des Pferdes für den Zweck, zu dem es gekauft wird. Dem Käufer sollte die eigene Sicherheit das Wichtigste sein. Sich ein Pferd zum «Angeben» kaufen, kann lebensgefährlich werden – für Reiter und Pferd. Das erste Fahrrad ist kein Straßenrenner und das erste Auto ist kein Rennwagen, aber das erste Pferd muß ein junges unverdorbenes Ausnahmetier sein. Solche Pferde sind zu bedauern!

Die Praxis – vernünftig und einfach

Jedes Pferd hat das Bedürfnis, Bocksprünge zu machen. Man sieht es, wenn Pferde auf die Weide gebracht werden oder sich auf dem Reitplatz austoben dürfen. Selbst die Schulpferde machen da keine Ausnahmen. Es gehört also ganz normal zu jedem Pferd. Kein Reiter hat das Recht, über dieses Bedürfnis erstaunt zu sein und sich zu wundern, wenn sein sonst so zahmes Pferd jede Gelegenheit ausnutzt, sich zu entladen. Ein Pferd, welchem Gelegenheit gegeben wird, sich über einem Baumstamm, oder einem sogenannten ‹Schweinestall› zu entspannen, macht keine Bocksprünge. Also grundsätzlich zehnmal auf jeder Hand aus dem Trabe springen, bevor man mit der Arbeit beginnt. Einem Dressurpferd werden diese Sprünge besonders gut bekommen, und dem Dressurreiter schaden sie auch nicht. Er braucht dann keine Angst vor Gehorsamsprüngen bei Dressurprüfungen zu haben. Die Vorderbeine gehen bei dem geringen Tempo bestimmt nicht kaputt, aber die Hinterhand profitiert besonders davon. Wer aus irgendwelchen Gründen nicht springen will, benutzt die Longe. Kenntnisse der Longenarbeit gehören nicht dazu. Für mich wird es ein Rätsel bleiben, warum mit ungekonnter Longenarbeit soviel Zeit vertrödelt wird. Die Pferde laufen doch nur auf der Vorhand rundum. Wirkliche Longenarbeit erfordert sehr viel Kenntnisse, und die sind seltener als Reitkenntnisse.

Wenn die Pferde sich auf diese rationelle Weise abgebuckelt haben, kann das Lösen in der üblichen Form beginnen. Es gibt Reiter, die nicht auf dem Pferd sitzen können, ohne «Dressur» zu reiten, ganz gleich, ob sie im Gelände reiten oder bei einer Jagd mitmachen. Sie dressieren, wo es gar nichts zu dressieren gibt. Im Gelände soll sich das Pferd so natürlich und bequem wie möglich bewegen, genau wie es der Mensch als selbstverständlich für sich in Anspruch nimmt. Meine Pferde nehmen zu jeder Zeit den Kopf runter wenn ich eine Hand feststelle und mit der anderen Hand zurückgehe. So kann ich sie auch zu jeder Zeit am langen Zügel gehen lassen. Eine Tänzerin geht auf der Straße auch nicht auf Zehenspitzen, kann es aber zu jeder Zeit.

Diese ewigen Pauker müssen doch ein Greuel für die Pferde sein. Sie wollen bestimmen, wie, wann, und wo das Pferd seinen Fuß hinzusetzen hat. Man sollte solche Leute, ausgebunden wie ein Pferd, auf eine Wanderung schicken und sie nach einer Stunde fragen, wie schön denn nun die Natur sei. Es gibt Reiter, die diese Praxis auch bei Sprüngen über

Hindernisse ausüben. Dabei geht es hier in erster Linie um die Knochen der Pferde. Von Natur aus sind auch die Pferde daran interessiert, ihre Knochen zu schonen. Das Pferd hat Augen, die nach jeder Richtung sehen können und bei Dunkelheit bestimmt besser als der Mensch. Man sollte daher das Überwinden der Hindernisse wenigstens bis zur Höhe der Klasse L, also 1,20 Meter den Pferden überlassen, denn solche Hindernisse kann eine Kuh aus dem Stand springen. Wenn die Pferde solche Hindernisse nicht schaffen, hat sie der Reiter daran gehindert. Pferde, die daran gewöhnt sind, selbständig zu springen, sind ruhig am Sprung und teilen sich den Absprung selber ein. Ein mir völlig unverständliches Verhalten von Reitern ist der Versuch, die Pferde mit den Zügeln anzuheben oder die Pferde mit den Zügeln am Stolpern zu hindern. Nur wer es möglich macht, sich an den eigenen Haaren aus dem Sumpf zu ziehen, kann ein Pferd, auf dem er sitzt, mit den Händen über ein Hindernis heben. Trotzdem kann man diese Hebeversuche auf jedem Turnier beobachten.

Und nun die nervösen Pferde:

Nervöse Pferde sind meistens ein Produkt nervöser Reiter. Wackelt ein Pferd mit dem Ohr, wird der Reiter nervös und steckt sofort das Pferd an, und so steigert sich die Nervosität beiderseits bis zum unbrauchbaren Pferd. Schuld sind immer die Pferde, nicht der Reiter, der schon am Abend vor dem Turnier mit dem Schlucken von Beruhigungstabletten begonnen hat. Vor vielen Jahren war ich Ordner auf einem Turnier und erlebte, wie eine Stunde vor Beginn mit Inbrunst longiert wurde. Zur Dressurprüfung erschienen zwei ländliche Reiter und warteten vor der Tür zur Halle auf ihren Auftritt, rauchten Zigaretten und unterhielten sich übers Wetter.

Als ich dann die Tür für sie öffnete, sagte der eine zum anderen: «Willst du, oder soll ich?» Beide hatten gesunde Nerven. Für sie war es Sport und Freude. Heute beginnt das Familiendrama auf dem Turnier um sieben Uhr morgens und endet um sieben Uhr abends. Der Vater muß eine Stunde vor Beginn der Prüfung die Kopfnummern holen; die Mutter hat vergessen, das Plastron einzupacken. Das Pferd wurde wegen Schiebung nicht placiert.

Was nicht aus Liebe zur Natur getan wird ist ungesund.
Spitzensport ist Gift!
Prestigedenken ist noch giftiger!
Der Reiter sollte sich in der Herde wohlfühlen wie das Pferd.

Am nächsten kommen diesem Ziel die Wanderreiter, die Freizeitreiter und die Jagdreiter, wenn letztere nicht nur einmal im Jahr zur Hubertusjagd im Gelände reiten und den Jahresbedarf an Sprüngen an diesem Tag erledigen, anstatt im nichtspringenden Feld den Tag in der Natur zu genießen. Wer zufrieden mit seinem Pferd und seinen eigenen Leistungen im Jagdfeld am Halali sein kann, ist Sieger unter Siegern.

Teil II: Lebenserfahrungen

«Wir reiten, um das Leben der Pferde zu
verlängern.»
(Harald Kutzner, Affalterbach)

Mein Jungfern-Ausritt

Mit 18 Jahren sah ich, wie eine Gruppe ländlicher Reiter in
unser Dorf kam, in der Kneipe haltmachte und nach kurzer
Rast wieder weiterritt. Vier Jungens waren wir, die das
gesehen hatten, und wir beschlossen auch zu reiten.
Am ersten Ostertag trafen wir uns nachmittags mit unseren
Pferden. Mein Bruder und ich waren dabei. Ein Pferd
sattelten wir mit einem Sattel, der kein Polster mehr hatte,
denn das hatten die Motten gefressen. Das Polster ersetzten
wir durch einen dicken Woilach. Das andere Pferd bekam
mangels eines zweiten Sattels einen Deckengurt und in jeder
Öse dieses Deckengurtes wurde ein Riemen befestigt – als
Ersatz für die fehlenden Steigbügel. Unsere Freunde hatten
Sättel, die sie zu Hause irgendwo aus der Ecke geholt hatten.
Bis zu diesem Tag hatten wir nur Pferde ins Feld zur Arbeit
geritten oder vom Feld nach Hause. Wir waren dabei kaum
getrabt, nie galoppiert.
Nachdem wir nun an besagtem Ostertag so eine halbe
Stunde unterwegs waren, versuchten wir uns im Galopp: Ich
galoppierte mit einem der Reiter voraus, die anderen folgten
einige Zeit später. Wir waren gerade aus dem Wald heraus-
gekommen, wo der Weg eine Kurve machte. Da sahen wir
meinen Bruder und den anderen Reiter hinter uns herkom-
men. Mein Bruder schaffte die Kurve nicht: Der Sattelgurt
war nicht fest genug angezogen und er rutschte mitsamt dem
Sattel vom Pferd. Das Pferd hatte nun den Sattel unter dem
Bauch und kam zu uns nach vorne gerast. Wir versuchten, es

auf dem Weg aufzuhalten, aber es wich auf den Acker aus und verschwand in Richtung Heimat. Daraufhin bin ich mit dem anderen Pferd – die Füße in diesen improvisierten Bügelriemen – hinterher galoppiert. Unterwegs habe ich dann im Galopp in die Zügel gegriffen und brachte das entlaufene Pferd zum Stehen. Der eine Bügel war vom Pferd abgetreten worden und wurde nie wieder gefunden. Ich habe die Pferde zurückgebracht und wir konnten nach Hause reiten, ohne daß wir Angst haben mußten, für die Zukunft Reitverbot zu bekommen, weil wir gleich beim ersten Mal Schiffbruch erlitten hatten. Wie es mir damals möglich war, im Galopp an das andere Pferd heranzureiten und dem Pferd mit einer Hand in die Zügel zu greifen ohne je zuvor irgendwann einmal im Sattel gesessen zu haben, überdies die Füße nur in zwei Riemen, wie ich das damals so schnell geschafft habe, darüber denke ich heute noch nach. Und heute überlege ich mir natürlich vor allem: Wie kann man Reitern beibringen das Gleiche zu schaffen?

Die ganzen Verhältnisse sind heute allerdings völlig anders: Ackerpferde, welche die ganze Woche gearbeitet haben, drehen nicht unbedingt durch, wenn man sich sonntags darauf setzt. Außerdem hatten wir als Bauernsöhne jeden Tag mit diesen Pferden zu tun und hatten eine völlig andere Einstellung zum Pferd als heutige Reiter aus der Stadt. Wir waren gewöhnt, daß uns die Pferde gehorchten. Wir gingen mit großer Selbstverständlichkeit mit ihnen um und die Pferde taten, was sie sollten. Heute haben wir dagegen Reiter, die häufig keine reale Einstellung zum Tier – vor allem nicht zum Pferd – haben. Sie haben Angst. Sie gehen mit Unsicherheit an das Pferd heran, und das merken die Pferde sofort. Das Pferd will beherrscht sein; wenn man mit ihm arbeiten will, muß man es beherrschen. Es heißt daher nüchtern zu überlegen, was muß ich tun, um das Pferd zu beherrschen. Man sollte nicht auf ein Pferd steigen, ohne zu wissen, wohin die Reise geht. Und jeder Anfänger sollte zunächst einmal lernen, ein Pferd am Weglaufen zu hindern.

Der erste Springunterricht

Nach einer Reitstunde als junger Reitlehrer wollte ich Springunterricht geben. Auf einem sandigen Ackerstück, welches mit Stangen eingezäunt war, hatte ich an einer langen Seite eine Stange aufgestellt, zirka 80 Zentimeter hoch. Die Reiter sollten einzeln über diese Stange springen. Die Pferde drehten dabei durch und stürmten auf die Stange los. In der Abteilung ging eine ostpreußische Stute, die später sehr erfolgreich Springen gegangen ist. Ich wollte zunächst dieses Pferd die Stange aus dem Trabe springen lassen. Als der Reiter jedoch in die letzte Ecke vor dem Hindernis kam, ließ sich das Pferd nicht mehr halten und sauste über die Stange. Ich gab ihm die Anweisung, Schritt zu reiten. In der besagten Ecke angekommen, stieg das Pferd jetzt und stürmte dann über den Sprung. Darauf ließ ich den Reiter absitzen und setzte mich selbst auf das Pferd. Ich ritt am langen Zügel im Schritt an den Sprung und ließ das Pferd erst kurz vor der Stange antraben. Dann ritt ich den Sprung im Trabe an. Das Pferd blieb vollkommen ruhig und nahm den Sprung aus dem Trabe. Dann galoppierte ich an und ritt in ruhigem Galopp über den Sprung, saß ab und ließ den Reiter wieder aufsitzen. Plötzlich waren alle Pferde wie umgewandelt und alle Pferde nahmen ruhig das Hindernis. Ich habe damit den Reitern bewiesen, daß nicht die Pferde nervös waren sondern die Reiter, und daß die Nervosität der Reiter sich selbstverständlich sofort auf die Pferde übertrug. Das pflegt folgendermaßen zuzugehen: Das erste Pferd dreht durch, weil der Reiter glaubt, er müsse sich jetzt besondere Mühe geben. Der nächste Reiter fürchtet, daß ihm das Gleiche passieren wird, will dem vorbeugen und nimmt dem Pferd jede Möglichkeit, vorwärts zu gehen. Das Pferd tut daraufhin natürlich das Gegenteil, denn es merkt, daß da oben etwas nicht stimmt und verhält sich entsprechend. Die Pferde bekommen Angst, sie versuchen, sich durch die Flucht der Gefahr zu entziehen.

Wie man ein Pferd nervös macht

Ich war auf der Reit- und Fahrschule an einem Lehrgang für Hilfsreitlehrer. Wir hatten Unterricht in der Abteilung und ritten auf Kandare. Der Reitlehrer ließ uns an der kurzen Seite Bügel an Bügel aufmarschieren. Mein Platz war in der Mitte der Abteilung. Ich habe mir sehr viel Mühe gegeben, meine Sache ordentlich zu machen: aber als die Abteilung aufmarschiert war, standen alle Pferde ruhig – nur meines nicht! Ich konnte mein Pferd nicht dazu bringen, stillzustehen. Der Reitlehrer rief mir zu: Lassen Sie Ihr Pferd stehen. Ich wollte ja längst, doch das Pferd tat es nicht. Auch nach der zweiten energischen Aufforderung des Reitlehrers stand es nicht, sondern zappelte weiter. Dann mußte ich vorreiten, absitzen und der Reitlehrer setzte sich selbst darauf, ritt in die Lücke ein und das Pferd stand. Ohne ein Wort gab mir der Reitlehrer das Pferd zurück. Ich saß wieder auf, ritt das Pferd an seinen Platz und das Pferd stand, als ob es nie nervös gewesen wäre. Der Reitlehrer war wohl etwas überrascht und sagte: Warum nicht gleich so, aber er erklärte mir nicht, welchen Fehler ich gemacht hatte.

Das Pferd hätte auch weiterhin bei mir nicht stillgestanden sondern weiter gezappelt, wenn ich das Problem wieder so angepackt hätte wie das erste Mal. Ich hatte aber sehr genau beobachtet, wie der Reitlehrer das gemacht hatte: Als das Pferd an seinem Platz angekommen war, hatte er nämlich nicht versucht es dort zu halten, sondern er hatte es einfach in Ruhe gelassen. Als ich nun zum zweiten Mal an meinen Platz ritt, habe ich – sobald das Pferd auf seinem Platz richtig angekommen war – sofort alle Muskeln entspannt, und das Pferd stand.

Wenn doch die Reiter wüßten, wie viele unbewußte Hilfen sie dem Pferd geben, könnten sie sich viel Ärger mit sogenannten «nervösen Pferden» ersparen, die sie – ohne es zu wissen – selbst nervös gemacht haben.

Ein «zappeliges» Springpferd

Auf dem Wege zum Training auf einem Truppenübungs-platz erschien ein junger Bauernsohn mit einem neuen Pferd. Der Junge ritt neben mir, und ich sah mir interessiert das neue Pferd an. Dann sagte er: «Nun sehen Sie sich mal diese magere Krücke an, die mein Vater mir gekauft hat.» Ich hingegen meinte: «Bisher das beste Pferd, das Du mir gezeigt hast. Wenn Du allerdings nur ein fettes Schwein von einem mageren unterscheiden kannst, dann hast Du recht.» Dieses Pferd hatte den Trakehner-Abschaum zum Vater und entpuppte sich als Naturtalent über Hindernisse. Der Reiter hatte mehrere Erfolge in A-Springen und gewann mit dem Pferd den Geländeritt auf dem Kreisturnier. Später kam er zu mir auf den Reitplatz, um unsere Hindernisse zu sprin-gen. Er ritt das Pferd mit Martingal und versuchte dauernd auf das Pferd einzuwirken, auch dann, wenn es gar nicht nötig war; er störte das Pferd unnütz. Ich empfahl ihm, das Pferd ohne Martingal zu reiten, worauf er mir prompt antwortete: «Das geht nicht.»
Ich habe ihm dann aus meinem Stall ein anderes Pferd gegeben, und zwar ein Pferd, das nicht so leicht an den Zügel zu reiten war. Dann habe ich ihm beigebracht, wie man ein Pferd ohne Martingal an die Hand reitet. Als er dann später wieder bei mir erschien, sagte er: «Es geht doch ohne Martingal.»
Das Pferd war inzwischen L-fertig, aber es ging mir nicht ruhig genug an die Sprünge heran. Der Reiter versuchte immer noch, das Pferd unnötig zu beeinflussen. Ich gab ihm daraufhin den Rat, einmal den Parcours zu springen, ohne das Pferd zu beeinflussen und ohne ihm vorzuschreiben, wie es den Absprung findet. Mein Kommentar: «Du scheuchst Dein Pferd ja immer noch.» Er behauptete: «Nein, ich habe nichts getan.»
Ich riet ihm dann: «Und jetzt denkst Du beim Springen nur daran, passiv zu sitzen und das Pferd absolut in keiner Weise

zu stören.» Sein Pferd ging vollkommen ruhig. Er kam zu mir und gestand: «Herr Jandrey, jetzt habe ich es gemerkt; ich habe doch immer etwas gemacht.»
Als das Pferd endlich in Ruhe selbst taxieren konnte, sprang es sehr sicher. Das Pferd ist dann erfolgreich M-Springen gegangen und kritisch wurde es erst dann, wenn es ins Stechen ging. Jetzt glaubte der Reiter wieder, er müsse das Pferd reiten anstatt es gehen zu lassen und er übertrug seine Nervosität und Spannung auf das Pferd.

Britta auf Arena: Reiten ohne künstliche Hilfen

Vor etwa fünf Jahren waren die beiden Mädchen, die meine Pferde auf Turnieren ritten, in den Sommerferien auf dem Trakehnergestüt von Wendt in Monsheim. Als sie von dort zurück waren fragte ich, wie es denn in Monsheim gewesen sei. Was habt ihr denn gemacht? Britta berichtete: «Wir haben dort Remonten geritten, aber da wurde ganz anders geritten als hier. Wir durften nur am langen Zügel reiten, mußten die Wendungen durch Anlehnen des äußeren Zügels ausführen und vor allem mußten wir mit Kreuz, Gewicht und Schenkelhilfen arbeiten. Die Zügel durften wir nur leicht anstehen lassen. Susanne konnte mit Gewichtshilfen reiten, aber ich nicht.» Ich tröstete sie und sagte: «So etwas kann man lernen.»
Sie ritt damals die vierjährige Halbblutstute Arena, eine Angelo XX-Tochter und ich riet ihr: «Übe das mal und sage mir Bescheid, wenn du das kannst.»
Nach vier Wochen hat sie mir das Pferd im Schritt vorgeritten mit allen Hufschlagfiguren einer A-Dressur und zwar ohne Sattel und ohne Zaumzeug. Nach weiteren drei Wochen ging auch alles im Trabe. Die Trablektionen hat sie mir dann auf dem offenen Reitplatz vorreiten müssen und das Pferd hatte ein Halfter auf. Als ich sagte: «Aber das Halfter muß auch weg», erwiderte sie ganz erschrocken:

«Aber wie soll ich denn …» und meinte, das Pferd festhalten, denn sie sollte jetzt nämlich mit dem Pferd galoppieren. Darauf sagte ich: «Ich habe es ganz ohne Zaumzeug gesehen, 1927 auf der grünen Woche in Berlin, da ritt ein Spanier einen Vollblüter ohne Zaumzeug über einen L-Parcours und dieser Vollblüter soll früher auf der Rennbahn ein Durchgänger gewesen sein.»
Ich ließ sie auf dem Zirkel angaloppieren und mit einfachem Galoppwechsel auf den anderen Zirkel gehen. Das klappte auf Anhieb tadellos. Dann fragte ich sie: «Wie ist es mit dem Rückwärtsrichten?» Antwort: «Wie soll ich das machen?» Ich sagte: «Fangen wir gleich an, ich zeige es dir.» Aus dem Buch von Pohlmann über Springreiten hatte ich gelernt, wie man das macht. Ich nahm eine lange Gerte, stellte mich vor das Pferd, klopfte auf die Fesselköpfe, und das Pferd trat rückwärts. Nach vier Tagen meldete mir Britta: «Rückwärtsrichten geht auch.» Auf die Frage: «Wie hast Du das gemacht?» – «Mit der Hand nach vorne gelangt und mit der Gerte die Fesselköpfe berührt.»
Wenn man ein Pferd so ausbildet, muß man es ohne Sattel reiten, damit das Pferd die Schenkel-, Kreuz- und Gewichtshilfen sehr deutlich spürt.
Auf einer internen Veranstaltung meines Reitbetriebes wurde nun das Pferd erstmals öffentlich gezeigt. Die Reiterin ritt als Indianerin, da Indianer auch ohne Sattel und unter Umständen auch ohne Zaumzeug reiten. Die Vorführung fand soviel Anklang, daß Britta das Pferd dann auf einer Flutlichtveranstaltung anläßlich des Kreisturnieres vorgeführt hat.
Durch dieses Pferd sind wir dann darauf gekommen, unsere Pferde völlig anders auszubilden. Die Jugendlichen, die bei unserer Vorführung am Rande saßen und eigene Pferde zur Verfügung hatten, habe ich aufgefordert, ihre Pferde auch so auszubilden. Und sie möchten mich verständigen, wenn sie soweit wären. Das Ergebnis war für mich eine ganz große Überraschung: Nach vier Wochen haben mir die Jugendli-

chen ihre Pferde ohne Zaumzeug und ohne Sattel in der Abteilung auf dem Viereck vorgeritten. Sie konnten alle Hufschlagfiguren der Aufgabe A 3 reiten.

Als ich später diese Abteilung für das Kreisjugendturnier vorbereitete, passierte es, daß bei der Vorhandwendung zwei Pferde über die seitliche Begrenzung kletterten, die an der offenen Seite des Vierecks aus zwei dicken E-Masten bestand. Ich ließ daraufhin die Zaumzeuge abnehmen und die Aufgabe noch einmal reiten. Bei der Vorhandwendung trat kein Pferd über den E-Mast, sondern alle Pferde führten die Wendung korrekt auf der Vorhand aus. Ein Zeichen dafür, daß das Herumziehen mittels Gebiß am Pferdemaul die Pferde nur stört, und daß es richtiger ist, ein Pferd ohne Gebiß mit den Zügeln am Halfter auszubilden, bis es alle Hufschlagfiguren gehen kann und vor allen Dingen die Paraden durchläßt.

Bei der Grundausbildung sollte das Gebiß das letzte sein, was man dem Pferd ins Maul tut und nicht – wie es üblich ist – das erste.

Dann weiß auch der Reiter, wenn er sich auf das Pferd setzt, daß beim Reiten nicht das Gebiß im Pferdemaul wichtig ist, sondern daß man in erster Linie die Gewichts-, Kreuz- und Schenkelhilfen einsetzen muß, um dem Pferd zu sagen, was man will.

Das Konditionstraining

Im Sommer kaufte ich den in Werne geborenen Papayer-Sohn «Pablo», der in Fachkreisen als Feuerstuhl bekannt war. Da er sehr schlecht fraß, wurde er erst mal vier Wochen vom Tierarzt behandelt. Sein früherer Pfleger in Werne sagte: bei uns hat er gut gefressen, aber der hört alles und sieht alles. Die Folgen zeigten Narben an den Hinterfüßen. Als er dann nach vier Wochen vernünftig fraß, sollte er trainiert werden. Meine Bereiterinnen streikten zu der Zeit, um ihr Abitur machen zu können. Ich habe dann selbst das Training übernommen. Ich wollte mit ihm im Trabe über Fässer springen, um ihn zu beruhigen, aber das war kaum möglich, auch wenn ich ganz schräg anritt. Anschließend versuchte ich dann, ihn auf einem großen Zirkel zu galoppieren. Das ging ganz gut, solange er kein Hindernis sah. Kam er aber an die Seite, wo Hindernisse standen, versuchte er sofort den Zirkel zu vergrößern und drauflos zu gehen. Hinter dem Reitplatz im Wald lag ein kurzer Baumstamm, der bei der Abfuhr vergessen worden war. Ich habe diesen vier Meter langen Baumstamm, der einen Durchmesser von einem Meter hat und am Kronenende 1,20 Meter mißt, auf den Reitplatz gerollt. Habe den «Pablo» an die Longe genommen und über diesen Baumstamm longiert. Nachdem er sich ausgetobt hatte, erreichte ich, daß er sich aus dem Trabe darüberdrückte. Der Erfolg war verblüffend; nach ein paar Tagen machte er nach der Landung nur noch wenige Trabtritte und ging von selbst Schritt. Kurz vor dem Baumstamm habe ich ihn dann mit der Zunge ermuntert, er machte drei Trabtritte und sprang seelenruhig über den Stamm. Da ich ihn rund 25 Mal links- und 25 Mal rechtsum longierte, wurde ihm schnell klar, daß er arbeiten mußte. Wenn ich ihn anschließend noch etwas reiten konnte, genügte diese Arbeit. Wenn ich zum Reiten keine Zeit hatte, ließ ich ihn 30 Mal je Hand über dem Stamm gehen. Galopp ist er nur die ersten Male gegangen, um sich an das neue Hindernis zu gewöhnen. Nach einem Monat konnte man ihn quer durch den Parcours galoppieren ohne einen Sprung zu machen, und er regte sich nicht mehr auf. Wenn er über Hindernisse gearbeitet wurde, durfte er diese bis zu 1,10 Meter nur aus dem Trabe springen.

Inzwischen hatten meine Damen die Abiturarbeiten hinter sich. Ich bot Susanne das Pferd zum Vereinsgeländeritt an und sagte, sie solle ihn mal ums «lange Land» reiten, damit er in Schwung komme. Als sie zurück war, meinte sie: «Der hat überhaupt keine Kondition, es lohnt sich gar nicht, daß ich ihn reite.» Ich gab ihr zu verstehen, daß sie das Pferd trotzdem reiten müsse, dann eben ohne Kondition, aber er ginge. Als sie dann den Vereinsgeländeritt in den Bergen von Hattingen gewonnen hatte, war sie überrascht von diesem untrainierten Pferd. Daß das Pferd beim Galopp ums «lange Land» wesentlich ruhiger war als am Anfang – als wir ihn bekamen –, hatte sie ihm als Konditionsschwäche ausgelegt. Sie war dann mit ihm noch in einer L-Vielseitigkeit placiert, und auf dem Turnier in Werne, seinem Geburtsort war er im A-Springen sechster. Kommentar der Werner: «Das gibt's doch nicht! das ist doch der Pablo, wie ist so was möglich?» Der dicke Baumstamm machte es möglich. Die Pferde lernen, ruhig an ein Hindernis zu gehen ohne einen Reiter im Maul mitziehen zu müssen und haben eine gründlich durchtrainierte Hinterhand. Wenn man einen Springreiter trainieren will, setzt man ihn ohne Zügel auf das Pferd an der Longe und longiert das Pferd im Trabe über den Sprung. Eine bessere Möglichkeit, dem Reiter Knieschluß und geschmeidiges Mitgehen beizubringen, gibt es nicht. Der Reiter muß beim Springen mit der Hand in die Mähne fassen. Eine rationelle Methode, weil man in einem Arbeitsgang Pferd und Reiter gymnastiziert.

Hat man keinen Baumstamm zur Verfügung, braucht man ein Hindernis, welches vollkommen geschlossen und oben rund ist wie ein Baumstamm. Man kann einen sogenannten Schweinestall benutzen, zweiteilig, zwei mal zwei Meter. Das Hindernis muß so gebaut sein, daß es unmöglich ist, die Beine irgendwo hineinzustecken: Es kommt ja vor, daß die Pferde mit den Hinterfüßen am Sprung herunterrutschen, wenn sie nicht genügend abgedrückt haben. Daher muß alles glatt sein wie am Baumstamm. So hat Pablo den Baumstamm als Trainingswerkzeug entdeckt.

Abb. 45. Pablo, der Erfinder des Baumstammes als Trainingsgerät.

Soraja, das ideale Schulpferd

Ich war mit einer Gruppe Reitschüler ins Gelände geritten und Soraja verlor ihren Reiter, wie bei Anfängern üblich. Lag der Reiter unten, blieb sie sofort stehen und graste. Diesmal war aber die Situation anders. Es war nicht ein Reiter unten, sondern zwei. Der fünfjährige Aschanti hatte auch seinen Reiter verloren, hatte sich auf den Heimweg gemacht und Soraja mitgenommen. Auf dem Weg zum Stall kamen sie an einer Weide vorbei deren Tor offen war. Sie nutzten die Gelegenheit und grasten. Ich folgte den beiden Pferden mit einem zweiten Reiter, um die Ausreißer zurückzuholen. Als wir an der Weide vorbei kamen, grasten die beiden friedlich. Nun versuchten wir, die Pferde einzufangen, was völlig daneben ging. Soraja kam uns mit angelegten Ohren und fletschenden Zähnen entgegen, machte im letzten Augenblick kehrt und verschwand auf der großen Weide. Dieses Spiel wiederholte sich dreimal, sobald wir in die Nähe der beiden Pferde kamen. Inzwischen erschienen die beiden abgeworfenen Reiter auf der Weide. Ich versuchte nun ein viertes Mal, die Pferde einzufangen – mit dem gleichen Ergebnis. Nun erlebten wir die große Überraschung. Soraja haute ab mit angelegten Ohren im Galopp, genau auf die beiden Reiter los. Ich glaubte schon, die Reiter würden ausreißen, sie kamen aber gar nicht dazu. Soraja parierte aus dem Galopp vor den Reitern durch und blieb seelenruhig stehen, als ob gar nichts gewesen wäre. Ich rief den Reitern zu, aufzusitzen, und auch Aschanti ließ sich sofort greifen. Wir konnten in Ruhe unsern Ausritt beenden. Ich habe überlegt, was Soraja sich bei der Aktion gedacht hat. Sie wußte genau, das das ganze Theater ein Ende hat, wenn sie den Reiter wieder im Sattel hat.

Was ich von einem Puller gelernt habe

Auf einer Hubertusjagd vor dem Kriege ritt ich einen ruhigen Hengst vom Landgestüt Labes, ein sehr sicheres Jagdpferd. Am Halali sah ich einen Reiter kommen, der völlig außer Atem war und beide Zügel um die Hände gewickelt hatte. Der Landstallmeister Althaus sagte: «Nun sehen Sie sich das mal an, was soll ich dem Herrn für ein Pferd geben?» Ich machte den Vorschlag, mir den Hengst auf der nächsten Jagd zu überlassen. Der Landstallmeister sagte sofort zu und ich bekam den Hengst. Mir war nicht ganz wohl dabei, und ich überlegte, was ich nun machen sollte. Ich hielt mich ganz im Hintergrund, und als das Feld anritt, ritt ich erst einmal eine Volte von 100 Meter Durchmesser nach links. Nach dieser Volte traf ich den Gutsverwalter auf einem großen Vollblüter, der die gleiche Volte nach rechts geritten hatte. Ich sagte zu ihm: «Na, dann können wir nun wohl auch!» «Ja,» sagte er, «ich glaube schon.» Ich gab meinem Hengst die Zügel völlig hin und ließ ihn sausen. Wir hatten gut 300 Meter aufzuholen, und ich ließ den Hengst bis ins erste Drittel des Feldes auf meinen Platz gehen, ohne ihn zu stören. Dort angekommen nahm ich die Zügel in die linke Hand leicht an und klatschte mit der rechten Hand an den Hals. Der Hengst reagierte sofort und blieb auf dem Platz. Beim nächsten Anreiten ritt ich sofort an und hatte keine Mühe.

Nach der Jagd befragte mich der Landstallmeister: «Wie ging denn der Jungdeutsch?» Ich sagte: «Ausgezeichnet, Herr Landstallmeister, vor allen Dingen pullt er nicht.» Ich durfte ihn dann in der Saison reiten und war dabei ausgezeichnet beritten.

Das Kunststück, das ich fertiggebracht hatte, war sehr einfach: Ich habe ihm nicht im Maul wehgetan, und ich habe ihn nicht daran gehindert, mit den anderen Pferden mitzugehen.

Wer da glaubt, er müsse Sicherheitsabstand nehmen und die

anderen 50 Meter fortlassen und dann hinterher, der irrt sich. Die Pferde sind Herdentiere und wollen nicht den Anschluß verlieren. Man muß sie so gehen lassen, wie sie es am liebsten haben. Man muß nur dafür sorgen, daß sie Sprünge rechtzeitig sehen.

Pferde, die merken, daß man ihnen nicht traut und daß sie nicht dürfen, was sie wollen und vor allen Dingen nicht dürfen, was sie können, werden nie zuverlässige Jagdpferde sein.

Waldmeister

Ein Holsteiner Halbblüter war bis L-Dressur und Springen ausgebildet, als er gekauft wurde. Als er bei uns im Gelände geritten wurde, kam er lahm zurück. Der Tierarzt beruhigte den Besitzer und sagte: «Der ist an den Kreuzbeinbändern so verpimpelt, der wird noch auf allen vier Beinen lahm. Der ist bestimmt nur in der Halle auf ebenstem Hufschlag geritten worden und nicht an Unebenheiten im Gelände gewöhnt.» Der Tierarzt hatte recht, und die Lahmheit verging in kurzer Zeit. Er wurde auch ein gutes Geländepferd und ist Jagden hinter der Meute gegangen. Auf einer Jagd in den sandigen Borkenbergen ging er dem Besitzer durch, und ich rief ihm zu, er solle den tiefen Sandweg weiterreiten, wir biegen rechts ab und treffen uns auf dem Sandweg von der entgegengesetzten Seite wieder. An der verabredeten Stelle trafen wir uns und tauschten die Pferde. Neben mir ritt während der ganzen Jagd ein Vielseitigkeitsreiter, der auch sein Pferd nicht hinten halten konnte. Er ritt immer links von mir, eine halbe Länge vor mir, unmittelbar hinter der Meute. Als ich nun den Waldmeister etwa 200 Meter geritten hatte, sagte ich zu meinem Nachbarn: «Sehen sie mal, wie man einen Puller reitet!» Ich hatte die Zügel in der linken Hand und klopfte mit der rechten den Hals. Waldmeister dachte nicht daran, meinen Nachbarn zu überholen.

Mein Nachbar blieb bis zum Halali immer auf seinem Platz kurz vor mir.

Etwas später wurde auf unserer Hausstrecke die Jugendjagd geritten. Waldmeister sollte von einer Tochter des Besitzers geritten werden. Um das Risiko mit dem Puller zu mildern, wurde für die halbe Strecke ein kräftiger, gut reitender Jüngling beauftragt, dem Pferd die ersten Kräfte zu rauben. Dieser Zweikampf muß eine schwierige Sache gewesen sein, denn der Reiter beendete den Ritt erschöpft mit rotem Kopf und innerer Wut, da es ihm nicht gelungen war, Waldmeister zu zähmen. Jetzt kam die Frage, wie soll das Mädchen mit dem Pferd fertigwerden? Ich beruhigte die Reiterin und sagte: «Hab keine Angst, du reitest bei mir, denn jetzt geht es über Felder. Und wenn du links neben mir reitest und nicht am Zügel ziehst, geht er ganz ruhig, und du kannst ihn dann im Feld auf jedem Platz reiten.» Ich habe die Reiterin nur auf der ersten Schleppe neben mir gesehen. Sie war am Halali der Held des Tages.

Mein schönster Sieg

Als Anfänger hatte ich etwa zehn Reitstunden mit einer vierjährigen Stute – auf Decke nach alter Tradition – hinter mir. Nebenbei trainierte ich eine dreijährige Stute mit Sattel auch über eine einfache Stange auf der Weide. Ich wurde von einem Gutsbesitzer zum Turnier eingeladen und fuhr mit den beiden Pferden dorthin. Wegen schlechten Wetters nahm ich aber nur die dreijährige Stute mit zum Turnierplatz. Die Sache begann mit einem Flachrennen. Mein Pferd hatte keine Ahnung davon und war noch nie mit anderen Pferden galoppiert und noch nie auf einem Reitplatz gewesen. Auf einem Stoppelfeld, durch zwei Pflugfurchen markiert, war die Rennstrecke. Da es durch den Regen glatt war, mahnte der Starter uns, nicht zu juxen. Ich hatte die Mahnung ernst genommen und war letzter, als die Startflagge gefallen war. Der Platz war nicht gut gewählt, denn ich bekam den ganzen Dreck des Feldes ins Gesicht. Ich zog den Kopf ein und ließ mein Pferd laufen. Nach kurzer Zeit war ich durch den Pulk und konnte den Kopf wieder hochnehmen und sah drei Pferde vor mir. Das Rennen war zu zwei Dritteln gelaufen als ich den Anschluß zum Führpferd hatte. Nun versuchte ich, mein Pferd anzutreiben, aber es reagierte überhaupt nicht, auch nicht auf die Gerte. Es lief ganz natürlich als Herdentier hinter dem Leittier her. Kurz vor dem Ziel kam das Führpferd aus der Bahn und dem Reiter gelang es nicht, die Ziellinie zwischen den Pfosten zu überqueren. Er wurde vom Zielrichter disqualifiziert und ich zum Sieger erklärt. Ich habe sofort Einspruch erhoben und daraufhingewiesen, daß der Reiter nicht allein schuld sei, da die Bahn erst anders gezeichnet war und dann berichtigt worden sei. Der Reiter habe die Ziellinie vor mir passiert, wenn auch an der falschen Seite des Pfostens. Ich bat darum, ihm den Sieg zu belassen. Der Richter fragte dann die Reiter hinter mir, ob sie damit einverstanden seien, und so blieb der schnellste Reiter auch Sieger. Anschließend gewann dann die dreijährige Stute das Springen im Stechen. Ich hatte eigentlich keine Ahnung wie man beim Springen sitzt und hatte mich nur mit Erfolg bemüht, das Pferd nicht zu stören. Die Hälfte meiner Erfolge waren damals Siege. Aber mein schönster Sieg bleibt der Sieg über mich selbst, der Verzicht auf den Sieg in meinem ersten Wettkampf.

Zitate – oder: Anregungen zum Nachdenken über Pferd und Reiter

Kurt Albrecht: Die Psychologie im Dienst der Ausbildung von Reiter und Pferd

Zwei wichtige Voraussetzungen müssen gegeben sein, soll der Mensch seine dominierende Rolle in der Gemeinschaft Mensch-Pferd spielen können:
a) Er muß über die wichtigsten Kenntnisse und Erkenntnisse auf dem Gebiet der Pferdepsychologie verfügen. Diese müssen jedem denkenden Reiter eigen sein; Erkenntnisse, die ihn erst dazu befähigen, beim Pferd die psychischen Voraussetzungen für die nachfolgenden physischen Hilfen zu schaffen. Und:
b) Er muß sich jenes handwerklich-reiterliche Können aneignen, das auf der Beherrschung der auf physikalischen Gesetzen basierenden «Hilfen» beruht und das damit für ihn jenes praktische Rüstzeug bildet, mit dessen Hilfe er ein Pferd nicht nur «nachreiten», sondern seine Ausbildung fördern können soll.
Diese Voraussetzung braucht der Freizeitreiter ebenso wie jener, der höchste Ziele für sich und sein Pferd angepeilt hat. Dem denkenden Reiter wird die «Verbindung mit seinem Pferd», besser gesagt: die «Bindung an sein Pferd» eine Herzensangelegenheit sein. Beginnt man aber damit, schon beim Erwerb eine Unzahl reglementierter Forderungen an die Adresse des Pferdes zu richten und seine Zu- oder Abneigung ausschließlich an diesem Forderungskatalog zu messen, fehlt von vornherein ein sehr wertvoller Ausbildungsbehelf. Es ist dies der Ansporn, sich um «liebenswerte Unvollkommenheiten» besonders zu bemühen.
So wertvoll die guten Anlagen eines Pferdes sind, so nachteilig kann seine Überbewertung von angeblichen «Schwächen» sein, die sich – im Gesamtausdruck – überhaupt nicht

als solche erweisen, aber von Autoren der Gegenwart und der Vergangenheit immer wieder mit Akribie bloßgelegt werden und wurden. Die Forderung nach dem so wichtigen «reinen Gang» kann dafür kaum als Entschuldigung angesehen werden. Unzählige Lebewesen auf dieser Erde vermögen trotz ihrer oft deutlich erkennbaren «Unvollkommenheiten» um vieles mehr Freude und Glück zu verschenken, als jene bis zur Vollendung vollkommenen Roboter, denen im Zuge der Ausmerzung alles Unvollkommenen auch ihr natürlicher Glanz und Charme genommen wird.

Nie wird man hören, daß Menschen bei unbeschwerter Betrachtung von Pferden auf der Weide nach Mängeln suchen. Uneingeschränkt freuen sie sich am Anblick der harmonischen Symbiose von Kraft, Eleganz und Schönheit. Aber kaum wird diesem Tier der Sattel aufgelegt, werden schon die ersten Kritiken laut, und es beginnt geradezu ein Feldzug mit dem Ziel, die Unvollkommenheit dieses herrlichen Geschöpf Gottes durch Zerlegung nachzuweisen.

Die bis ins kleinste festgelegte «Korrektheit der Körperformen» und die «Reglementierung seiner Gänge» lassen einem Pferd kaum noch die Chance, ein Manko auf diesem Gebiet durch positive Eigenschaften auf einem anderen ausgleichen zu können. Der Mensch nimmt sich zwar das Recht heraus, bedenkenlos über oft gewaltige eigene Mängel und Fehler hinwegzugehen; dafür wägt er die kleinen Mängel des Pferdes mit der Apothekerwaage.

Aus: Kurt Albrecht, Leiter der spanischen Reitschule zu Wien, *«Dogmen der Reitkunst»*. Verlag ORAC, Wien, pp. 17 bis 19.

Anmerkung des Autors:
Glücklich ist der Pferdemann,
der Fehler übersehen kann.
Der Laie, dem kein Mangel entgeht,
merkt nicht, wie klein er danebensteht.

Gustav Steinknecht: Die Hilfen

Den besten Beweis von der Wirksamkeit der Hilfen durch Gewichtsverlegung geben uns die berühmten Reiterkunststücke der Araber, Tscherkessen und anderer durch ihre Pferdezucht und Reitfertigkeiten bekannter Völkerschaften. Hier haben wir es mit praktisch geübten, aber reinen Naturreitern sowie mit rohen, aber von der Natur vorzüglich begabten, zum Reitdienst besonders geeigneten Pferden zu tun. Wir sehen diese wilden Reiter ihre Pferde in bewunderungswürdiger Weise tummeln, sie in äußerster Schnelligkeit rechts und links wenden, plötzlich halten oder auf der Hinterhand herumwerfen, und obgleich sie sich hierbei scharfer Zäumung und spitzer Sporen sehr freigebig bedienen, um das für solche plötzlichen Wechsel nicht systematisch vorbereitete Pferd in der Gewalt zu behalten, so geben sie die Hilfen zum Wenden doch nur mit ihrem Oberkörper, daß das ungerittene Pferd in der Wirkung von Hand und Schenkel nur eine Aufforderung zum Halten oder Vorwärtsgehen verstehen kann. Um daher in diesem wichtigen Punkt nicht mißverstanden zu werden, wiederhole ich in Kürze noch einmal, daß diejenige Körperhaltung des Reiters die normale ist, die seinen Schwerpunkt mit dem des Pferdes in Übereinstimmung bringt. Abweichungen davon sind entweder Fehler im Sitz oder beabsichtigte Hilfen. Ich wiederhole ferner, daß der Bereiter bei der Bearbeitung des Pferdes je nach dessen Ausbildungsgrad an eine bestimmte Richtung seines Körpers, die vorgeneigte, die senkrechte oder die zurückgeneigte gebunden ist, wohingegen er beim durchgerittenen Pferde, das stets das Gleichgewicht mit ihm sucht, durch Verlegung seines Gewichtes auch den Schwerpunkt des Pferdes beliebig vorwärts oder rückwärts verlegen kann. Ebenso kann er durch entsprechendes Seitwärtswirken seiner Körperschwere jedes einzelne Hinterbein nach Belieben stärker belasten sowie durch seine Gewichtshilfen überhaupt auf jede Bewegung des Pferdes hemmend oder fördernd einwirken. Es versteht sich von selbst, daß bei allen Gewichtshilfen Hand und Schenkel sich entsprechend zu beteiligen haben. Je *geringer* aber ihre Mitwirkung sein kann, um so größer ist die Vollkommenheit der Dressur. Ein steifer, verkrampfter Sitz macht alle diese, in ihren Abstufungen so mannigfaltigen Hilfen unmöglich. Sie haben vielmehr ungezwungene Haltung des Reiters und Biegsamkeit des ganzen Körpers zur Voraussetzung. Dies ist der Grund, weshalb ich immer wieder dazu mahnen muß, alte Vorurteile aufzugeben und die Regeln für die Körperhaltung des Reiters aus naturgemäßen Grundsätzen allein abzuleiten. Der einförmige, sogenannte vorschriftsmäßige Sitz, an dem viele Lehrer so eigensinnig festhalten, ist die Ursache, weshalb die Kunst so in Mißkredit geraten ist. Er hindert den Schüler, selbständig zu Pferde zu werden, da es ihm in diesem Sitz an dem nötigen Gefühl fehlen muß, Richtung und Gang des Pferdes sicher beurteilen zu können. Der in diesem Sitz ausgebildete Reiter wird nach langer Mühe statt des durchgerittenen Pferdes, nämlich eines Pferdes, dessen Naturanlagen durch die Dressur nicht nur geregelt und untertänig gemacht, sondern auch noch durch zweckmäßige Übungen gesteigert worden sind, eine hölzerne Maschine vorführen, die zwar mechanisch arbeiten wird, der aber alle Elastizität und Frische des Ganges geraubt sind. Solche Pferde sind durchaus nicht geeignet, Begeisterung für die Kunst zu erwecken, denn sie ermüden den Reiter durch ihren stumpfen, mechanischen Gang und reiben sich selbst vor der Zeit auf. Daraus erklärt sich, daß heutzutage viele Reiter sich sicherer und wohler auf einem gut gebauten, in natürlicher Richtung gehenden Pferde fühlen, als auf einem verschrobenen und allen Lebensmutes beraubten *sogenannten* Dressurpferd.

Aus: Gustav Steinknecht, «*Das Gymnasium des Pferdes*». Verlag Dr. Rudolf Georgi, Aachen, pp. 40/41.

Udo Bürger: Die Schenkel

«Wer treiben kann, kann reiten» – ein geflügeltes Wort aus dem Reitunterricht. Unverstand und die menschliche Veranlagung zur Gewalttätigkeit haben die irrige Auffassung verbreitet, daß Kraft zum Treiben unerläßlich sei. Und seither schwitzen die Menschen und zerren sich vor Überanstrengung die Schenkelmuskeln bis zur Entzündung der sogenannten Reitsehne. Diese ganze Kraftaufwendung entsteht und zerreibt sich in uns selber, das müßte eigentlich jeder verstehen. Denn wir sitzen doch auf dem Pferd, lassen uns tragen und haben selbst keine Verbindung zum Erdboden. Wenn wir uns also sehr anstrengen wollen, dann müssen wir schon Kräfte im Pferd treibend erwecken, um sie dann wieder mit entsprechend eingesetzter Armkraft zu bändigen. Wer eine solche Gymnastik bevorzugt, der soll doch lieber Gewichte heben. Die Abhandlung: «Wer die *Kunst* des Treibens beherrscht, kann reiten», hat trotz ihrer Einseitigkeit eher eine Berechtigung.

Aus: Udo Bürger, *«Die vollendete Reitkunst»*. Verlag Paul Paray, Berlin, p. 143.

Anmerkungen des Autors:
Richtiges Treiben sieht man nur am Gang des Pferdes, nicht an Körperverrenkungen des Reiters.

und

Der Reitschüler sitzt immer richtig, wenn er das Gleichgewicht des Pferdes nicht stört,
der Dressurreiter sitzt richtig, wenn das Pferd seinen Gewichtsverlagerungen folgt.

Wilhelm Müseler: Anreiten gegen das Hindernis

Der häufigste Fehler beim Springen ist der, daß dem Anreiten gegen das Hindernis nicht genügend Bedeutung beigemessen wird. Befindet sich das Pferd im Abspringen, dann ist der Sprung schon in fast seiner ganzen Durchführung bestimmt.

Es gibt einen alten Satz:

«Wirf Dein Herz über das Hindernis und springe ihm nach!»

Die Empfindungen des Reiters teilen sich dem Pferde durch seine Einwirkungen, durch ihren Nachdruck, ihre Sicherheit oder Unsicherheit mit. Das Pferd fühlt daher mit großer Genauigkeit, ob sein Reiter zum Sprunge entschlossen ist oder das Hindernis unentschlossen und ängstlich anreitet. Nur bei energischem Vorwärts, senkrecht gegen die Mitte des Hindernisses, wird das Pferd gern und sicher springen; sonst muß es stutzig werden und wird, wenn es unwillkürlich zurückgehalten wird, schließlich stehen bleiben oder seitlich ausbrechen.

Zur Vorbereitung des Sprunges gehört im allgemeinen, daß man die Bügel ein bis zwei Loch kürzer schnallt.

Das Tempo des Gegenreitens ist am besten Galopp, weil der Sprung der Fußfolge des Galopps entspricht. Beim Abspringen aus Trab oder Schritt muß das Pferd im letzten Augenblick seine Fußfolge ändern. Auf der rechten Hand springt man aus dem Rechtsgalopp, auf der linken Hand aus dem Linksgalopp. Es gibt aber auch Pferde, die gern abchangieren, weil sie lieber immer nur aus dem Rechtsgalopp oder nur aus dem Linksgalopp springen. Bei niedrigen Hindernissen macht das den meisten Pferden aber nichts aus.

Die Geschwindigkeit innerhalb der letzten Galoppsprünge vor dem Absprung regelt das Pferd.

Auch der Leichtathlet, der einen Weit- oder Hochsprung ausführen will, läßt sich von keinem Menschen seinen Anlauf vorschreiben oder gar das Tempo oder die Schritteinteilung. Tut man das doch, wird er verwirrt und ist nicht mehr in der Lage, so gut zu springen, so hoch und so weit, so sicher, als wenn man ihm seinen Anlauf überläßt.

Dies sollte sich jeder Reiter, der sein Pferd vor dem Absprunge beim Gegenreiten zurückhalten will oder sein Pferd durch Spornieren und starkes Treiben schneller an den Sprung herantreiben will, ins Gedächtnis zurückrufen. Das eine Pferd springt gern in langsamerem Tempo, streckt den Hals weit vor und möchte das Hindernis kurz vor dem Absprung beinahe noch beschnuppern; ein anderes Pferd macht sich durch einen schnelleren Anlauf, der desto schneller wird, je mehr sich das Pferd dem Hindernisse nähert, selbst Mut. Die unterschiedliche Manier des Anlaufs bei beiden Pferden ist eine Angewohnheit, die abhängig ist von der Art des Einspringens. Es ist sehr gut denkbar, daß vielleicht beide Pferde besser springen könnten, wenn sie es beide umgekehrt machen würden. Aber auch das läßt sich nicht so schnell beurteilen und auch nicht so schnell korrigieren, sicher aber nicht von einem Reiter, der nicht selber große Übung hat. Solche Korrekturen im Anlauf nimmt das Pferd mit zunehmender Routine und Übung auch ganz von alleine vor. Routinierte Pferde springen bei Hochhindernissen meist mehr aus versammeltem Galopp, bei flachen Hindernissen, breiten Gräben mit schnellerem Anlauf. Weniger routinierte Pferde machen solche Unterschiede nicht.

Es ist auch grundfalsch, dem Pferd den Absprung angeben zu wollen, etwa durch ein Ziehen oder Heben der Zügel oder einen Schlag mit der Peitsche, einen Ruf der Stimme. Wohl können routinierte Springreiter aus irgendwelchen besonderen Gründen mit einem Pferde einmal ein solches Abkommen treffen. Das sind aber Ausnahmefälle. Ungeübte Reiter wollen durch Zuruf «Hopp!» meist sich selbst nur Mut machen.

Zur Anwendung der Peitsche gehört große Übung. Ein Stören des Pferdes ist durch Veränderungen im Sitz beim Peitschengebrauch fast unvermeidlich. Das Mitgehen im

Sprung stellt sehr hohe Anforderungen an den Reiter. Die meisten Menschen sind dabei sicher nicht außerdem noch in der Lage, die linke Hand, in der sie den Zügel haben, ganz ruhig zu halten, wenn sie gleichzeitig mit der rechten Hand einen Schlag ausführen.

Aus: Wilhelm Müseler, *«Reitlehre»*. Verlag Paul Paray, Berlin, pp. 156/157.

Anmerkung des Autors:
Reiten ist ein Balanceakt – Springen erst recht!

Wolfgang Hölzel: Das Jagdpferd

a) Allgemeines:
Jedes gesunde, mindestens fünfjährige Warm- und Vollblutpferd kann nach der entsprechenden Ausbildung und Vorbereitung bei Jagden mitgehen. Unter «gesund» verstehe ich
aber auch, daß die Nerven in Ordnung sind. Pferde, die
wegen ihrer schlechten Nerven leicht durchdrehen oder
pullen, würde ich gar nicht erst mit Jagdversuchen quälen.
Dagegen sind temperamentlose Pferde und solche, die dazu
neigen, sich zurückzuhalten, oft die angenehmsten Jagdpferde; ihnen bekommt eine Jagd oft sogar besonders gut,
weil die Jagd ihre Gehlust steigert. Der Besitzer eines Tur-
nierpferdes, das in schweren Prüfungen geht, wird mit
einem so hochqualifizierten und wertvollen Pferd wohl von
alleine auf die Teilnahme an Jagden verzichten.
Für den echten Reiter ist es selbstverständlich, daß er sein
Pferd nicht fett, aber in gutem Futterzustand, richtig
beschlagen, sauber geputzt und frisiert, zum Stelldichein
bringt.

b) Dressurliches Können:
In Deutschland wird auch für das Jagdpferd eine dressurmä-
ßige, gymnastische Grundausbildung verlangt. Sie erst
ermöglicht die größte Schonung und schafft die Voraussetzung, daß das Pferd sich im Jagdfeld angenehm reiten läßt.
Das dressurliche Können soll ungefähr einer A-Dressur
entsprechen, das heißt, das Pferd muß soweit im Gleichgewicht sein, daß es in den Grundgangarten und in den
Verstärkungen (Mitteltrab und Mittelgalopp) taktmäßig und
mit leichter Anlehnung am Zügel geht.
Es soll dabei so durchlässig sein, daß Übergänge und ganze
Paraden aus dem Trabe mit möglichst feinem Zusammenspiel der Hilfen geritten werden können. Durch Vorhand-
wendungen und Schenkelweichen muß es gelernt haben, den
seitwärts treibenden Hilfen nachzugeben. Auf gebogenen
Linien (einfacher Schlangenlinie und Zirkel) soll es in den

Grundgangarten den Grad von Geschmeidigkeit erreicht haben, der für die Biegung notwendig ist.

c) Springen:

Das Jagdpferd muß ungefähr den Anforderungen eines A-Springens genügen, das heißt, es muß auf einem großen Springplatz einen Parcours mit etwa zehn Sprüngen und sechs verschiedenen Hindernissen von 80 Zentimeter bis 1,10 Meter Höhe und einer Grabenweite bis zu drei Metern absolvieren können. Richtiges Abspringen und *Taxieren mit tiefer Nase* sind für das Jagdpferd eine wichtige Voraussetzung, die es am einfachsten und natürlichsten durch häufiges Freispringen lernt. Auch hier kann ich nur ganz allgemein die Grundvoraussetzungen umreißen. Es ist nicht unbedingt gesagt, daß ein Pferd, das mühelos einen A-Parcours springen kann, genauso sicher und zuverlässig feste Hindernisse im Gelände überwindet. Auf der anderen Seite paßt manches Pferd, das in der Bahn die Beine nicht heben will und die leichten Stangen abwirft, im Gelände ganz von selbst besser auf: Es hat «Respekt» vor den klobigen Sprüngen; deshalb ist es sehr wichtig, auch das Springen im Gelände vorher zu üben.

d) Gelände:

Das Pferd muß gelernt haben, sich auf unebenem Boden in den Grundgangarten sicher und unbefangen zu bewegen. Häufige Ausritte sind deshalb unerläßlich. Wichtig dabei ist es, das Pferd immer wieder «bummeln» zu lassen, damit es in den Schrittpausen – auch mit anderen Pferden zusammen – ruhig und losgelassen geht. Es muß sich daran gewöhnt haben, auch hinter anderen Pferden, ohne zu stürmen, ruhig und taktmäßig im Jagdtempo zu galoppieren.

Wildpferde leben in Herden; sie erkämpfen sich eine bestimmte Rangordnung, an deren Spitze der Leithengst steht. Auch Junghengste und Stuten erkämpfen sich auf der Koppel ihren Platz in der Herde. Diese Rangordnung wirkt sich oft später noch aus: Einzelne Pferde wagen es einfach nicht, an der Spitze eines Pulks zu gehen, «starke» Tiere dagegen drängen immer wieder nach vorn und lassen sich nur schwer hinter anderen Pferden reiten.

Das Pferd soll die verschiedenartigen festen Hindernisse bis zu einer Höhe von einem Meter und einer Grabenbreite bis zu 2,50 Meter – möglichst selber taxierend – aus dem Galopp heraus springen. Außerdem muß es so trainiert sein, daß es sechs Kilometer im Jagdgalopp (ungefähr 400 Meter pro Minute) geritten werden kann, ohne daß es danach völlig ausgepumpt wäre.

e) Der Reiter:

Der Reiter braucht das entsprechende theoretische Wissen für eine Reitjagd. Zweckmäßig ist es, wenn er sich vorher als Zuschauer eine Übersicht über die Anforderungen verschafft hat. Auch für den Reiter ist die Dressur-Grundlage wichtig: Das richtige Einwirken im leichten Sitz ist nur dann möglich, wenn er das Zusammenspiel der Hilfen aus dem Dressursitz heraus beherrscht. Alle Übungen, die in Dressur, im Parcoursspringen und im Gelände vom Pferd verlangt werden, muß er im weichen, geschmeidigen Sitz reiten können. Der Mitteltrab darf ruhig im Leichttrab geritten werden.

Nicht nur das Pferd braucht für eine Jagd von acht bis achtzehn Kilometer eine gute Kondition, sondern auch der Reiter muß «in Form» sein. Und nicht zuletzt verlangt das Jagdreiten Reaktionsvermögen, Mut und Fairneß gegenüber Mitreitern, Pferd und Hunden.

Wenn Sie diese Bedingungen erfüllen, können Sie ohne Bedenken auch schwere Jagden hinter der Meute reiten!

Aus: Wolfgang Hölzel, *«Jagdreiten»*. Franksche Verlagshandlung, Stuttgart, pp. 33 bis 38.

Anmerkung des Autors:

Der Reiter muß sich auf dem Pferd durchsetzen können – aber nicht müssen. Dann hat das Pferd Vertrauen in den Reiter, und er kann sich auf sein Pferd verlassen.

Schlußwort – und Zusammenfassung meiner Vorstellung der modernen reiterlichen Ausbildung

Das Pferd ist ein Herdentier der Steppe, bei uns der Weide. Dieser Tatsache muß der Reiter täglich gedenken. Er muß, wenn er erfolgreich sein will, alles andere vergessen.

Ein Pferd lernt viel schneller als der Mensch, wenn es von diesem nicht dauernd überfordert wird.

Das Anreiten eines jungen Pferdes ist am leichtesten, wenn man zwei gleichaltrige Fohlen direkt von der Weide am Stallhalfter in die Halle holt. Die Pferde kennen sich, und jeder denkt: wenn dem anderen nichts passiert, bin auch ich nicht in Gefahr. Sie dürfen sich die Reithalle in Ruhe ansehen und dürfen, oder müssen sogar, alle Gangarten sofort ausprobieren.

Kann man sie nicht von der Weide in die Halle bringen, wenn sie also schon längere Zeit im Stall gestanden haben, müssen sie möglichst gemeinsam über den Baumstamm. Jedenfalls müssen überflüssige Kräfte abgebaut sein. Nachdem die Pferde sich mit der Halle vertraut gemacht haben, werden sie in allen Gangarten bewegt – anhand der Longiergerte.

Dann beginnt sofort die erste Reitstunde. Die Pferde marschieren am Halfter auf und die Reiter werden aufs Pferd gehoben. Nun dürfen die Pferde mit den Reitern machen was sie wollen. Es ist gleichgültig wie sie sich bewegen. Die Hauptsache ist, daß ihnen nichts Unangenehmes passiert. Nach einer halben Stunde ist der erste Auftritt beendet und die Reiter gleiten vorsichtig zur Erde und führen die neuen Reitpferde in den Stall.

Am zweiten Tag darf ein Strick am Halfter als Zügel befestigt werden, wenn das Besichtigen der Halle in allen Gangarten beendet ist. Die Reiter werden wieder auf die Pferde gehoben, und es werden die ersten Hilfen gegeben. Die Pferde lernen die Aufforderung des Schenkels zum Vorwärtsgehen kennen, die durch einen kurzen Stock unterstützt wird. Die Aufforderung durch einen leichten Klaps mit dem Stock verstehen die Pferde schnell und werden nicht schenkeltot.

In der ersten Woche lernen die Pferde noch die Parade zur Verkürzung des Tempos durch Anspannen des Kreuzes und Anlegen der Knie. Die Scheibenbremse von in Scheiben geschnittenen Möhren am H.-B.-Punkt sagt den Pferden sehr schnell, was das Anspannen des Kreuzes bedeutet. Wichtig beim Anreiten junger Pferde ist es, jeden Schmerz zu vermeiden. Da die Pferde beim Reiten die größten Schmerzen im empfindlichen Maul erleiden, dürfen in den ersten vier Wochen keine Gebisse im Maul verwendet werden. Danach kann man ein kurzes Hackamore verwenden, bis das Pferd alle Hilfen und Hufschlagfiguren begriffen hat. Was dann für Gebisse verwendet werden, hängt von der Geschicklichkeit des Reiters ab. Nach acht bis vierzehn Tagen sollten die Pferde wenn möglich hinter einem alten Pferd ins Gelände gehen. Damit wären die Pferde nach vier Wochen richtig angeritten. Es geht so überraschend schnell und mühelos, daß es kaum zu glauben ist. Tagelanges Führen, an die Longe gewöhnen, mit Sandsäcken beladen, und was es sonst noch für Beschäftigungsmöglichkeiten gibt, kann man sich ersparen. Das Pferd braucht nur eines: die Freiheit, sich zu entladen und dann eben: Beschäftigung. Arbeit ist für junge Pferde Gift.
Sie brauchen einen Reiter, der Verständnis dafür hat.

Mache dein Pferd bei aller konsequenten Ausbildung nicht zum Sklaven. Freue dich, wenn es mal übermütig einen Luftsprung macht und Lebensfreude zeigt. Nach bestandenem Examen hört auch ein Professor auf, Lehrer zu sein.
Franz Jandrey.